Spis treści
Contents • Inhaltsverzeichnis

Co znajdziesz w podręczniku 4
What You Will Find in this Handbook 5
Was Du in diesem Lehrbuch findest 6

CZĘŚĆ 1 / *PART 1* / *TEIL 1*   7
Gitarowe sztuczki (*apoyando, legato, barré, tremolo* i inne techniki gry)
Guitar Tricks (apoyando, legato, barré, tremolo and other playing techniques)
Gitarrekunststückchen (Apoyando, Legato, Barré, Tremolo und andere Spieltechniken)

Gra w pozycjach / *Playing in Positions* / *Das Spielen in Lagen* 8
Melodia grana *apoyando* / *Melody Played* Apoyando / *Eine Melodie in* Apoyando 18
Legato z pustą struną / *Legato with Open String* / *Bindung mit leerer Saite* 22
Legato bez pustej struny / *Legato without Open String* / *Bindung ohne leere Saite* 30
Ozdobniki / *Ornaments* / *Ornamente* 40
Barré 44
Tremolo 54
Ćwiczenia techniczne dla lewej ręki / *Technical Exercises for the Left Hand* / *Technische Übungen für die linke Hand* .. 64

CZĘŚĆ 2 / *PART 2* / *TEIL 2*   67
45 już nie tak łatwych utworów
45 Not-So-Easy Pieces
45 gar nicht mehr so einfache Stücke

CZĘŚĆ 3 / *PART 3* / *TEIL 3*   115
Gitara i przyjaciele (solo, duo, trio)
Guitar and Friends (solo, duo, trio)
Die Gitarre und Freunde (Solo, Duo, Trio)

Mały słowniczek muzyczny / *Small Music Dictionary* / *Kleines Musiklexikon* 141

Co znajdziesz w podręczniku

Uczeń i nauczyciel
Takie dwie połączone pięciolinie oznaczają duety, czyli utwory dla dwóch wykonawców: górna pięciolinia przeznaczona jest dla Ciebie, a dolna dla Twojego nauczyciela lub kolegi ze starszej klasy.

Mały solista
Pojedyncza pięciolinia oznacza utwory solowe, czyli przeznaczone do samodzielnego wykonywania tylko przez Ciebie.

Solo lub w duecie
Te utwory możesz grać solo lub w duecie z akompaniamentem swojego nauczyciela albo starszego kolegi.

Mały perkusista
Taki rysunek wskazuje ćwiczenia rytmiczne. Pomogą Ci one zapamiętać i nauczyć się wykonywać nowe schematy rytmiczne. Najpierw wyklaskaj je lub wystukaj z głośnym liczeniem, a potem zagraj na dowolnej strunie.

Drabinki
Drabinki pomogą Ci w zapamiętaniu dźwięków w różnych pozycjach. Najpierw możesz poćwiczyć „wspinaczkę" po drabince samą lewą ręką, a następnie zagrać ją obiema rękami. Możesz ćwiczyć różnymi sposobami, np.: powtarzając dźwięki, zmieniając ich kolejność i rytm. Dzięki drabinkom łatwiej będzie Ci zagrać zamieszczone pod nimi utwory.

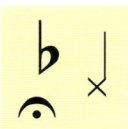

Co nowego
W żółtej ramce znajdziesz nowe wiadomości i ważne informacje, które przydadzą Ci się podczas wykonywania utworów.

Gitara z niespodzianką
W takiej ramce znajdziesz różne ciekawe i rzadko spotykane sposoby gry na gitarze (np.: *pizzicato*, *tamburo*, stukanie w pudło). Pojawią się one w zamieszczonym pod ramką utworze.

Mały akompaniator
Każdy gitarzysta powinien umieć akompaniować do prostych melodii i piosenek. To wcale nie jest trudne. W podręczniku znajdziesz kilka stron, które pomogą Ci się tego nauczyć.

Mały kompozytor
W tych ćwiczeniach Twoim zadaniem jest zagranie swojej własnej melodii. Inaczej nazywa się to improwizacją. W melodii tej wykorzystaj podane dźwięki i wartości rytmiczne (możesz zacząć grę od pierwszego z podanych dźwięków). Twój nauczyciel, lub uczeń ze starszej klasy, będzie Ci akompaniować. W podręczniku znajdziesz też kilka improwizacji, które możesz wykonywać solo.

Gamy nie gryzą
Każdy uczeń powinien ćwiczyć gamy. Są one bardzo ważne dla rozwijania biegłości obu rąk. Ćwicz gamy różnymi sposobami, np. z repetycją dźwięków, rytmem punktowanym. Obok gam znajdziesz też pasaże i kadencje.

Spróbuj na pustych strunach
Te ćwiczenia przeznaczone są tylko dla prawej ręki. Dzięki nim szybko opanujesz nowe sposoby gry, które potem napotkasz w utworach.

Gimnastyka lewej ręki
Tak oznaczone ćwiczenia pomogą Ci w rozwijaniu biegłości lewej ręki. Wykonuj je różnymi sposobami.

Gitara i przyjaciele
W ostatniej części podręcznika znajdziesz utwory kameralne czyli przeznaczone do grania w zespole. Możesz grać je razem z innymi gitarzystami, a niektóre z nich także z koleżankami i kolegami grającymi na skrzypcach, flecie lub wiolonczeli. Każdy z trzech głosów może grać jednocześnie kilku wykonawców tworząc w ten sposób małą orkiestrę.

What You Will Find in this Handbook

Pupil and Teacher
Two joined staves mean duos, that is compositions for two performers. The upper stave is for you and the lower is for your teacher or for a more experienced friend of yours.

Little Soloist
A single stave means solo compositions, that is compositions to be performed only by you.

Solo or Duo
You can play these pieces either solo or in a duo, with accompaniment from your teacher or an older fellow student.

Little Percussionist
Such drawing shows rhythm exercises. They will allow you to remember and learn new rhythmic patterns. First clap them with your hands, counting aloud and then play them on any string.

Ladders
The ladder exercises will help you to remember the notes in the various positions. First, you can practice "climbing the ladder" with just your left hand, and then play the exercise with both hands. You can practice in various ways, for example: repeating notes, changing their order and rhythm. The ladders will make it easier for you to play the pieces appearing after them in the text.

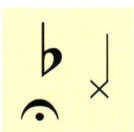

What's New
In a yellow frame you will find new and important information, which will help you to perform the work.

Guitar with a Twist
In each such box, you will find various interesting and rarely-encountered ways of playing the guitar (for example: *pizzicato*, *tamburo*, tapping of the guitar body). They will appear in the piece following the box.

Little Accompanist
Every guitarist should be able to accompany simple melodies and songs. This is not at all difficult. In the handbook you will find several pages which will help you learn how to do it.

Little Composer
In these exercises your task will be to play your own melody. It is called improvisation. Use the given pitches and rhythm values in the melody (you can start from the first of the given sounds). Your teacher or a more experienced student will play the accompaniment. In the handbook, you will also find several improvisations which you can perform solo.

Scales Are not Dangerous
Every student should practice scales. They are very important for the development of two hands dexterity. Practice the scales in various ways, for example, with repetition of notes, dotted rhythms. Asides from scales, you will also find *arpeggi* and cadences.

Try on Open Strings
These exercises are for the right hand only. Thanks to them you will learn new methods of playing, which you will find then in some compositions.

Left Hand Exercise
These exercises will help you to develop your left hand velocity. Perform them with different methods.

Guitar and Friends
In the last part of the handbook, you will find chamber pieces – that is, pieces hantended for performance in an ensemble. You can play them together with other guitarists; some of them you can also perform with friends who play violin, flute or cello. Each of the three parts can be played by several performers at the same time, in this way creating a small orchestra.

Was Du in diesem Lehrbuch findest

Schüler und Lehrer
Diese doppelte Notenzeile steht für Duette, also für Stücke für zwei Spieler. Die obere Notenzeile ist für Dich gedacht, die untere für Deinen Lehrer oder einen fortgeschrittenen Kollegen.

Der kleine Solist
Die einfache Notenzeile steht für Solostücke, also solche, die Du alleine spielst.

Solo oder Duo
Diese Stücke kannst Du solo oder im Duo mit Deinem Lehrer oder mit einem fortgeschrittenen Kollegen spielen.

Der kleine Schlagzeuger
Dieses Bild bedeutet eine Rhythmusübung. Sie wird Dir helfen, neue Notenwerte zu lernen und zu spielen. Zuerst solltest Du sie klatschen oder klopfen, indem Du dabei laut zählst. Danach kannst Du sie auf einer beliebigen Saite spielen.

Leitern
Die Leitern helfen Dir dabei Töne in verschiedenen Lagen zu merken. Zuerst kannst Du das „Besteigen" der Leiter nur mit der linken Hand üben und erst später mit beiden Händen spielen. Du kannst auf verschiedene Weisen üben, z. B. indem Du Töne wiederholst oder ihre Reihenfolge und den Rhythmus änderst. Dank der Leitern wird Dir das Spielen der nachfolgenden Stücke leichter fallen.

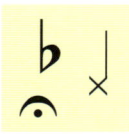

Was gibt's Neues?
Gelb gerahmt findest Du Neuigkeiten und wichtige Informationen, die Du beim Spielen der Stücke gebrauchen kannst.

Gitarre mit Überraschung
In diesem Rahmen findest Du unterschiedliche spannende und seltene Gitarrenspielarten (z.B. *pizzicato, tamburo,* das Klopfen auf den Resonanzkörper) Du findest sie im Stück, das sich unter dem Rahmen befindet.

Der kleine Begleiter
Jeder Gitarrist sollte in der Lage sein, einfache Melodien und Lieder zu begleiten. Das ist gar nicht so schwierig. Im Lehrbuch findest Du einige Seiten, die Dir helfen werden, dies zu lernen.

Der kleine Komponist
In diesen Übungen spielst Du Deine eigene Melodie. Das nennt man auch Improvisation. Bei Deiner Melodie solltest Du die angegebenen Töne und Notenwerte benutzen (Du kannst mit dem ersten angegebenen Ton anfangen). Dein Lehrer oder ein fortgeschrittener Schüler wird Dich begleiten.

Tonleitern „beißen" nicht
Jeder Schüler sollte Tonleitern üben. Sie sind sehr wichtig, um die Geläufigkeit beider Hände zu entwickeln. Übe die Tonleitern auf unterschiedliche Weisen, z.B. mit Tonwiederholung, punktiertem Rhythmus. Neben den Tonleitern findest Du auch Dreiklangszerlegungen und Kadenzen.

Probier´s auf leeren Saiten
Diese Übungen sind nur für die rechte Hand gedacht. Sie werden Dir helfen, neue Spielarten zu beherrschen, auf die Du später in neuen Stücken stoßen wirst.

Gymnastik für die linke Hand
Übungen mit diesem Bild werden Dir helfen, die Geläufigkeit der linken Hand zu entwickeln. Spiele sie auf unterschiedliche Arten.

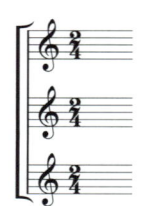

Die Gitarre und Freunde
Im letzten Teil des Lehrbuchs findest Du Kammermusikstücke, also solche, die mit einer Gruppe gespielt werden. Du kannst sie mit anderen Gitarristen spielen, aber auch mit Freundinnen und Freunden, die Geige, Flöte oder Cello spielen. Jede der drei Stimmen kann gleichzeitig von mehreren Spielern gespielt werden, sodass ein kleines Orchester entsteht.

Część 1
Gitarowe sztuczki
apoyando, legato, barré, tremolo i inne techniki gry

Part 1 / Teil 1
Guitar Tricks / Gitarrekunststückchen
apoyando, legato, barré, tremolo and other playing techniques
Apoyando, Legato, Barré, Tremolo und andere Spieltechniken

Gra w pozycjach
Playing in Positions • Das Spielen in Lagen

Na drabince
On the Ladder   Auf der Leiter

Allegretto

Dwie kukułki
Two Cuckoos   Zwei Kuckucke

Improwizacja A-dur
Improvisation in A Major • Improvisation in A-Dur

Ballada
Ballad Ballade

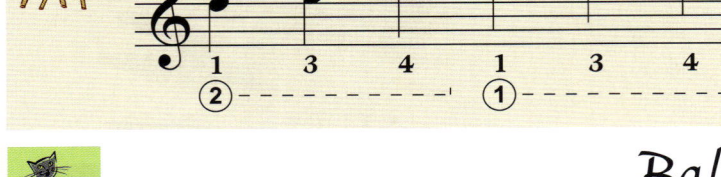

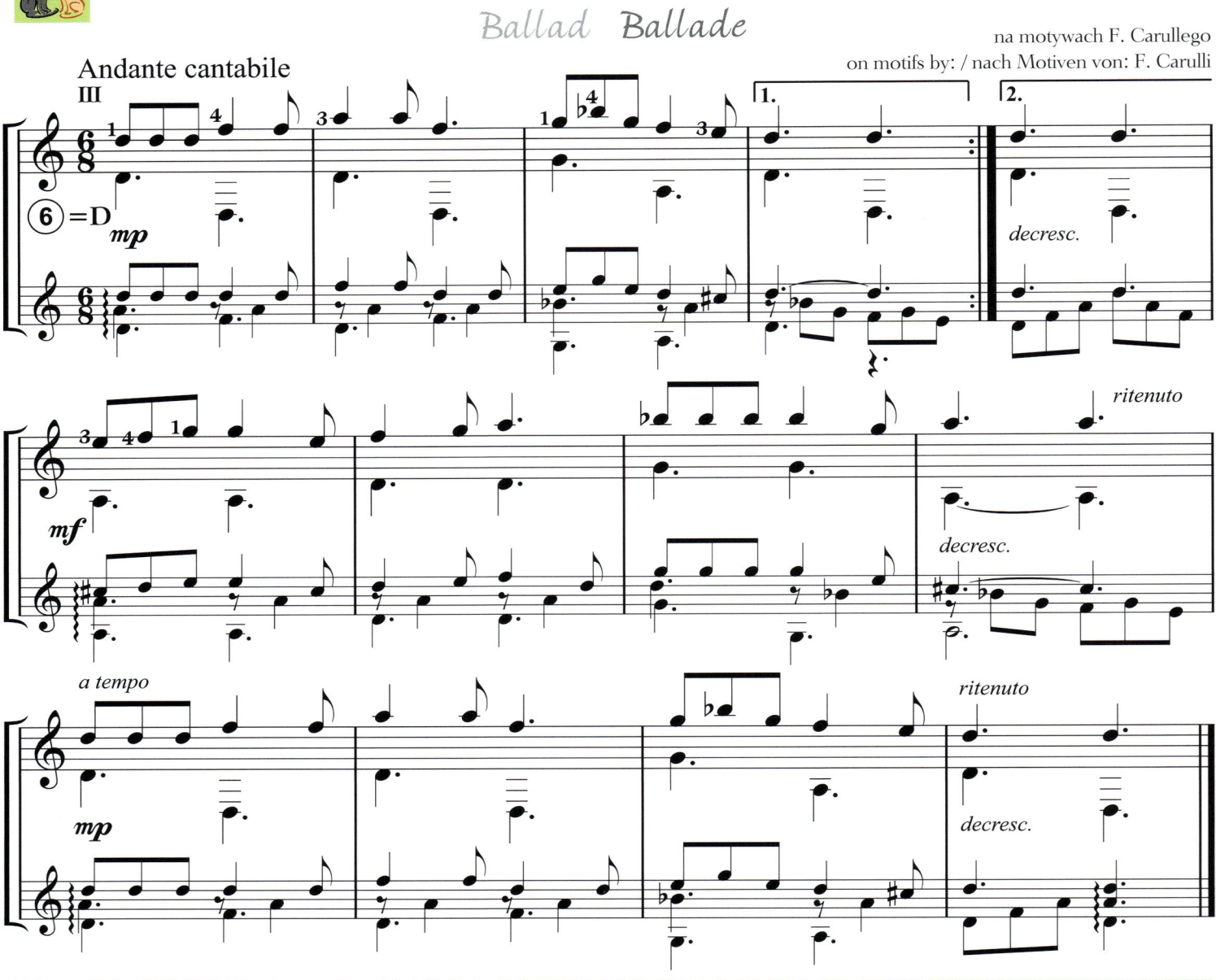

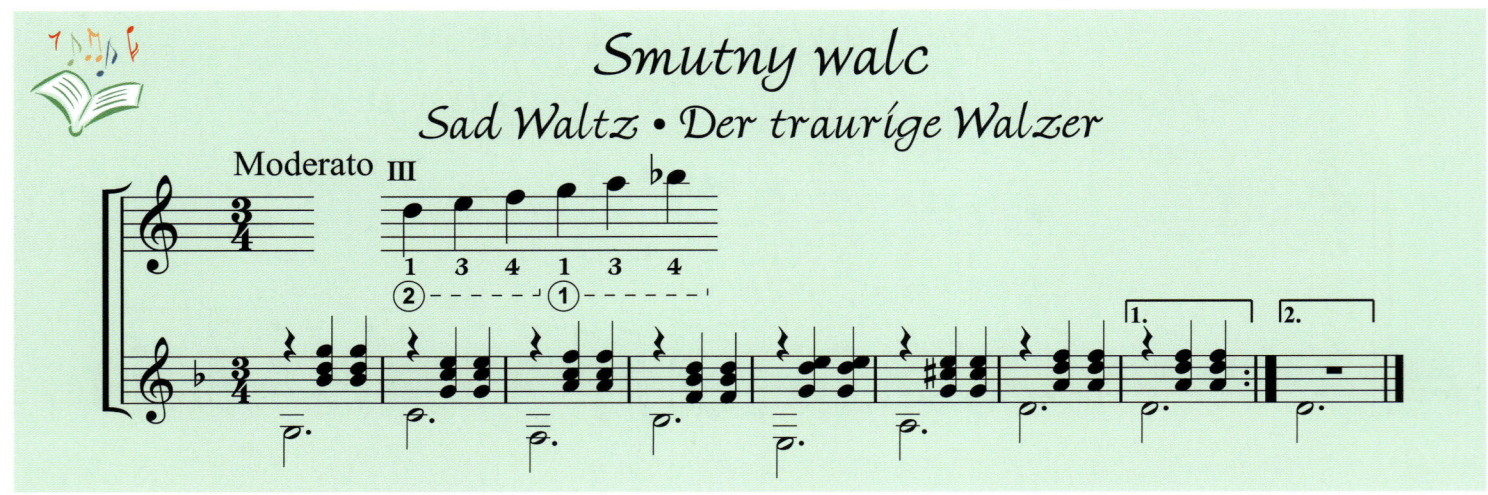

na motywach F. Carullego
on motifs by: / nach Motiven von: F. Carulli

Smutny walc
Sad Waltz • Der traurige Walzer

Villanesca

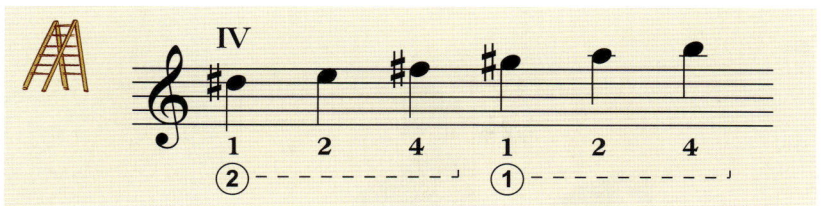

Grazioso

Pocztówka z Hiszpanii
Postcard from Spain   Eine Postkarte aus Spanien

Zielone wzgórza Irlandii
Green Hills of Ireland   Die grünen Hügel Irlands

Karawana

Caravan   Die Karawane

Alla marcia

④ = Des
⑤ = As

*) Stukanie prawą ręką w pudło gitary. / Tapping the guitar body with the right hand. / Klopfen der rechten Hand auf den Resonanzkörper.

**) Dźwięki grane wyłącznie palcami lewej ręki (hammering). / Sounds played only with the fingers of the left hand (hammering). / Diese Töne werden ausschließlich mit den Fingern der linken Hand gespielt (Hammering).

Improwizacja na dźwiękach drabinki.

Improvisation on the notes of the ladder.
Improvisation auf den Tönen der Leiter.

Część 1 Part 1 Teil 1

zapis	wykonanie
notation	execution
Notation	Ausführung

Na hamaku (swing)
On a Hammock (Swing)   In der Hängematte (Swing)

Allegretto

mf

Stara baśń
Old Fairy Tale   Ein altes Märchen

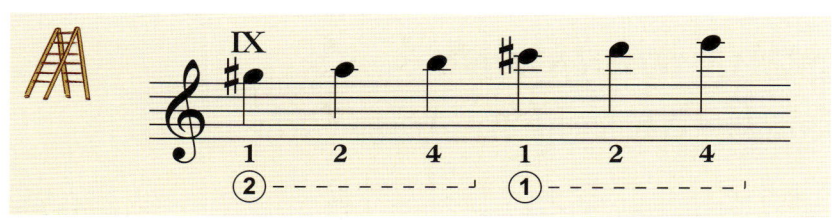

Renesansowy taniec
Renaissance Dance Renaissancetanz

na motywach J. Dowlanda
on motifs by: / nach Motiven von: J. Dowland

Allegretto

Da capo al Fine

Melodia grana *apoyando*
Melody Played *Apoyando* • Melodie in *Apoyando*

Apoyando i tirando
Apoyando and Tirando Apoyando und Tirando

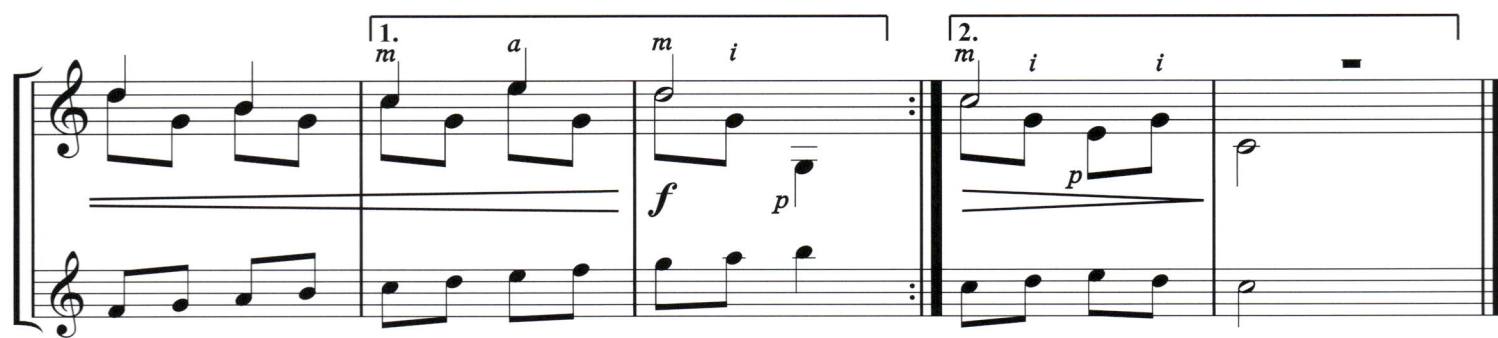

Arpeggio i apoyando
Arpeggio and Apoyando   Arpeggio und Apoyando

Etiuda
Study   Etüde

W ćwiczeniu 3 graj kciukiem *apoyando*. / In exercise 3, play *apoyando* with your thumb. / Spiele in Übung 3 *Apoyando* mit dem Daumen.

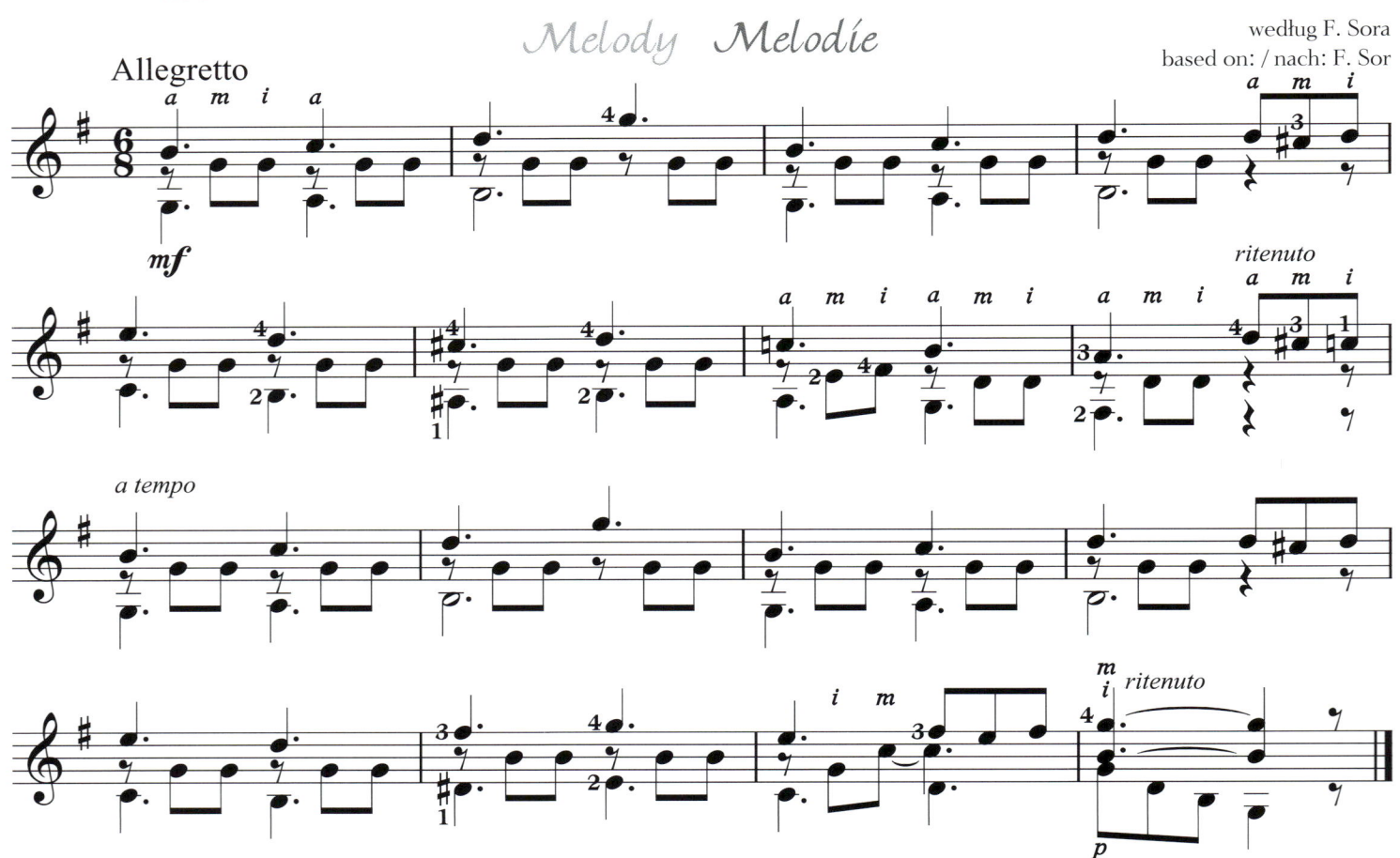

Melodía
Melody Melodie

według F. Sora
based on: / nach: F. Sor

Allegretto

Część 1 *Part 1* *Teil 1*

Walc południowoamerykański
South American Waltz   Südamerikanischer Walzer

Allegro espressivo

Uderzenie apoyando możesz wykorzystywać w gamach i ćwiczeniach, a także w utworach – tam gdzie chcesz wyeksponować dźwięki melodii.

You can use the apoyando stroke in scales and exercises, as well as in pieces – wherever you want to bring out the notes of the melody.

Den Apoyando-Anschlag kannst Du in Tonleitern und Übungen einbauen, sowie in Stücken – dort, wo Du die Töne der Melodie betonen möchtest.

21

Legato z pustą struną
Legato with Open String • Bindung mit leerer Saite

Legato wstępujące z pustą struną
Ascending Legato with Open String • Aufschlagsbindung mit leerer Saite

Ćwiczenia 1- 4 graj na wszystkich strunach i w różnych pozycjach.
Ćwiczenie 5 graj pozostałymi palcami lewej ręki na odpowiednich progach w I pozycji.

Play exercises 1- 4 on all strings and in different positions.
Play exercise 5 with the remaining fingers of the left hand, on the appropriate frets in 1st position.

Spiele die Übungen 1- 4 auf allen Saiten und in verschiedenen Lagen.
Spiele die Übung 5 mit den übrigen Fingern der linken Hand auf den entsprechenden Bünden in der I. Lage.

Małe melodie z legato
Little Melodies with Legato   Kleine Melodien mit Legato

Mruczanka kowboja
Humming of a Cowboy   Das Summen des Cowboys

Na łódce
On a Boat   Im Boot

Walczyk z legato wstępującym
Little Waltz with Ascending Legato · Kleiner Walzer mit Aufschlagsbindung

Legato zstępujące z pustą struną
Descending *Legato* with Open String • Abzugsbindung mit leerer Saite

Ćwiczenia 1- 4 graj na wszystkich strunach i w różnych pozycjach.
Ćwiczenie 5 graj pozostałymi palcami lewej ręki na odpowiednich progach w I pozycji.

Play exercises 1- 4 on all strings and in different positions.
Play exercise 5 with the remaining fingers of the left hand, on the appropriate frets in 1st position.

Spiele die Übungen 1- 4 auf allen Saiten und in verschiedenen Lagen.
Spiele die Übung 5 mit den übrigen Fingern der linken Hand auf den entsprechenden Bünden in der I. Lage.

Małe melodie z legato
Little Melodies with Legato   Kleine Melodien mit Legato

Przebiśniegi
Snowdrops   Schneeglöckchen

Walczyk z legato zstępującym
Little Waltz with Descending Legato   Kleiner Walzer mit Abzugsbindung

Pociąg pospieszny
Fast Train   Der Schnellzug

Część 1 Part 1 Teil 1

Kaprys
Caprice Capriccio

Piosenka torreadora
Toreador's Song — Das Lied des Torreros

Allegretto deciso

Walc solo lub w duecie
Waltz Solo or Duo • Walzer - solo oder im Duo

Andantino

Improwizuj melodię na podanych dźwiękach, akompaniując jednocześnie dźwiękami na strunach basowych.
Improvise a melody on the notes given, at the same time accompanying yourself with notes on the bass strings.
Improvisiere selbständig eine Melodie mit den angegebenen Tönen und begleite Dich gleichzeitig mit den Tönen auf den Basssaiten.

Marionetki
Marionettes   Marionetten

pizz. - pizzicato

↷ - naciągnięcie struny w poprzek gryfu
pulling the string across the fingerboard
Ziehen der Saite quer zum Griffbrett

Scherzando

Legato bez pustej struny
Legato without Open String • Bindung ohne leere Saite

Legato wstępujące bez pustej struny
Ascending Legato without Open String • Aufschlagsbindung ohne leere Saite

Ćwiczenia 1-7 graj na wszystkich strunach i w różnych pozycjach.
Ćwiczenie 8 graj pozostałymi parami palców lewej ręki w II pozycji (potem możesz ćwiczyć w innych pozycjach).

Play exercises 1-7 on all strings and in different positions.
Play exercise 8 with the remaining fingers of the left hand in 2nd position (then you can practice it in other positions).

Spiele die Übungen 1-7 auf allen Saiten und in verschiedenen Lagen.
Spiele die Übung 8 mit den übrigen Fingerpaaren der linken Hand in der II. Lage (später kannst Du sie auch in anderen Lagen üben).

Małe melodie z legato
Little Melodies with Legato   Kleine Melodien mit Legato

Bujany fotel babci

Grandma's Rocking Chair   Omas Schaukelstuhl

Andantino

Zaklinacz węży
Snake Charmer   Der Schlangenbeschwörer

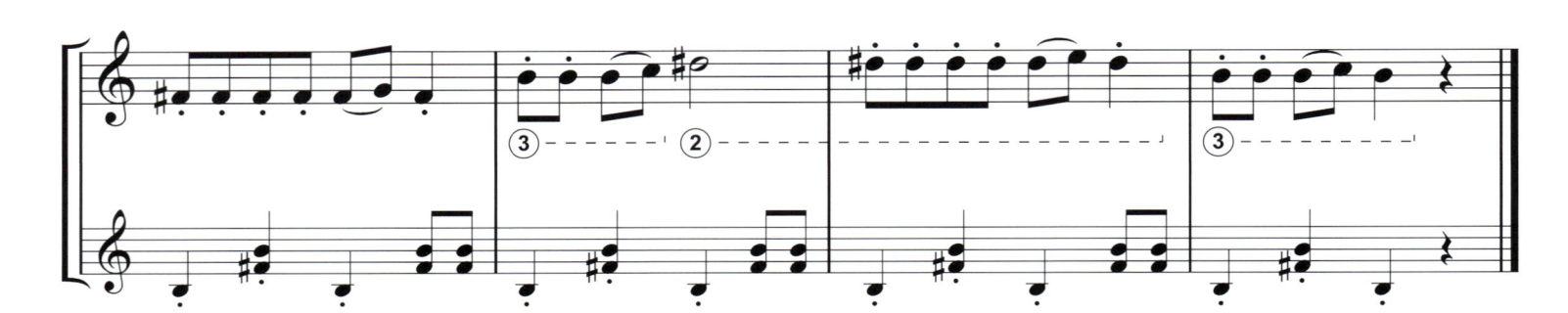

Tęcza
Rainbow   Der Regenbogen

Konik polny
Grasshopper   Der Grashüpfer

Grająca pocztówka
Musical Postcard • Postkarte mit Musik

Improwizuj melodię na podanych dźwiękach, akompaniując jednocześnie dźwiękami na strunach basowych.
Improvise a melody on the notes given, at the same time accompanying yourself with notes on the bass strings.
Improvisiere eine Melodie mit den angegebenen Tönen und begleite Dich gleichzeitig mit den Basssaiten.

Legato zstępujące bez pustej struny
Descending *Legato* without Open String • Abzugsbindung ohne leere Saite

Ćwiczenia 1-7 graj na wszystkich strunach i w różnych pozycjach.
Ćwiczenie 8 graj pozostałymi parami palców lewej ręki w II pozycji (potem możesz ćwiczyć w innych pozycjach).

Play exercises 1-7 on all strings and in different positions.
Play exercise 8 with the remaining fingers of the left hand in 2nd position (then you can practice it in other positions).

Spiele die Übungen 1-7 auf allen Saiten und in verschiedenen Lagen.
Spiele die Übung 8 mit den übrigen Fingerpaaren der linken Hand in der II. Lage (später kannst Du sie auch in anderen Lagen üben).

Małe melodie z legato
Little Melodies with Legato   Kleine Melodien mit Legato

Straż pożarna i policja
Fire Engine and Police Car   Feuerwehr und Polizei

Presto

Zabawa kotka
Kitten's Play   Das Spiel des Kätzchens

Menuecik
Little Minuet   Ein kleines Menuett

Zimowy walczyk
Little Winter Waltz • Kleiner Winterwalzer

Allegretto leggiero

8va — przenośnik oktawowy
8va sign / Oktavierungszeichen

Poleczka
Little Polka   Kleine Polka

Samba na wesoło
Humorous Samba   Lustige Samba

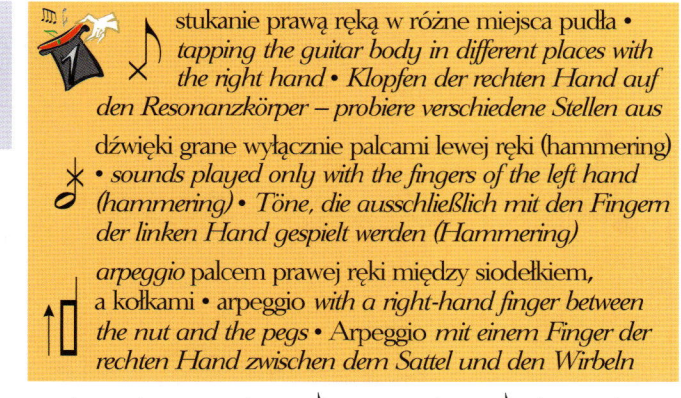

stukanie prawą ręką w różne miejsca pudła • tapping the guitar body in different places with the right hand • Klopfen der rechten Hand auf den Resonanzkörper – probiere verschiedene Stellen aus

dźwięki grane wyłącznie palcami lewej ręki (hammering) • sounds played only with the fingers of the left hand (hammering) • Töne, die ausschließlich mit den Fingern der linken Hand gespielt werden (Hammering)

arpeggio palcem prawej ręki między siodełkiem, a kołkami • arpeggio with a right-hand finger between the nut and the pegs • Arpeggio mit einem Finger der rechten Hand zwischen dem Sattel und den Wirbeln

Allegretto giocoso

Ozdobniki
Ornaments • Ornamente

Każdy ozdobnik wykonaj kilka razy. Możesz ćwiczyć wszystkimi palcami lewej ręki na innych strunach i w różnych pozycjach.
Play each ornament several times. You can practice with all the fingers of the left hand, on other strings and in different positions.
Spiele jedes Ornament mehrmals. Du kannst sie mit allen Fingern der linken Hand auf anderen Saiten und in verschiedenen Lagen üben.

Śmieszne nutki - przednutki
Funny Notes - Grace Notes   Lustige Noten - Vorschlagsnoten

Allegretto brillante

przednutki
grace notes / Vorschlagsnoten

Blues z niespodzianką
Blues with a Twist   Blues mit Überraschung

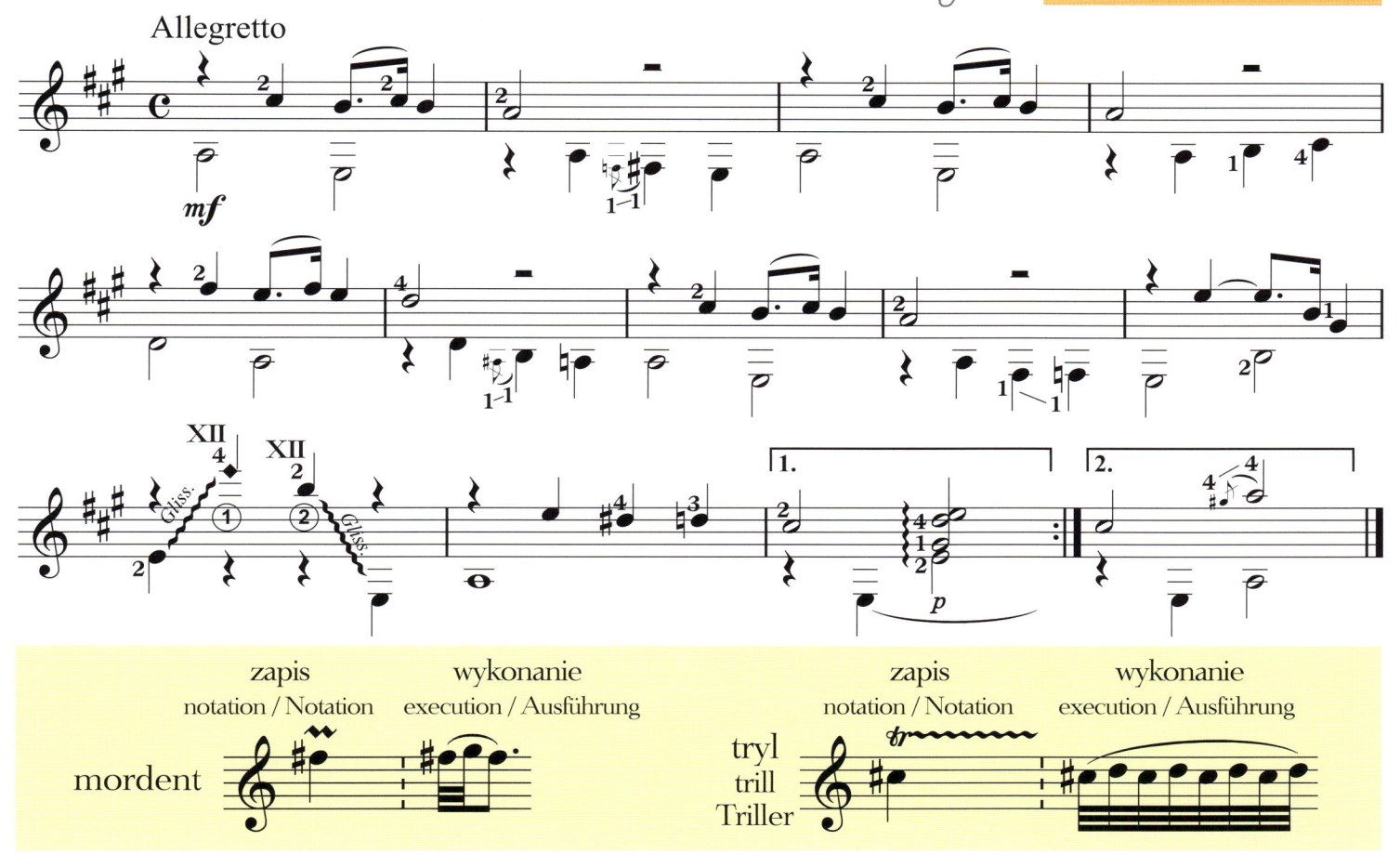

Gliss. – *glissando*

Allegretto

zapis / notation / Notation — *wykonanie* / execution / Ausführung

mordent

zapis / notation / Notation — *wykonanie* / execution / Ausführung

tryl / trill / Triller

Menuet
Minuet   Menuett

na motywach: / on motifs by: / nach Motiven von:
G. A. Brescianello

Con grazia

ritenuto

41

Kujawiak

toczek
double grace notes
Schleifer

Andante espressivo

mp rubato, cantabile

mf

mp

mf

Fine

f con anima

mf

f

Da capo al Fine

Część 1 Part 1 Teil 1

× - tamburo
↑ - rasgueado

Tango

Moderato

Barré

„Małe" barré
"Little" barré „Kleines" Barré

Andantino

Deszczowy wieczór
Rainy Evening Regnerischer Abend

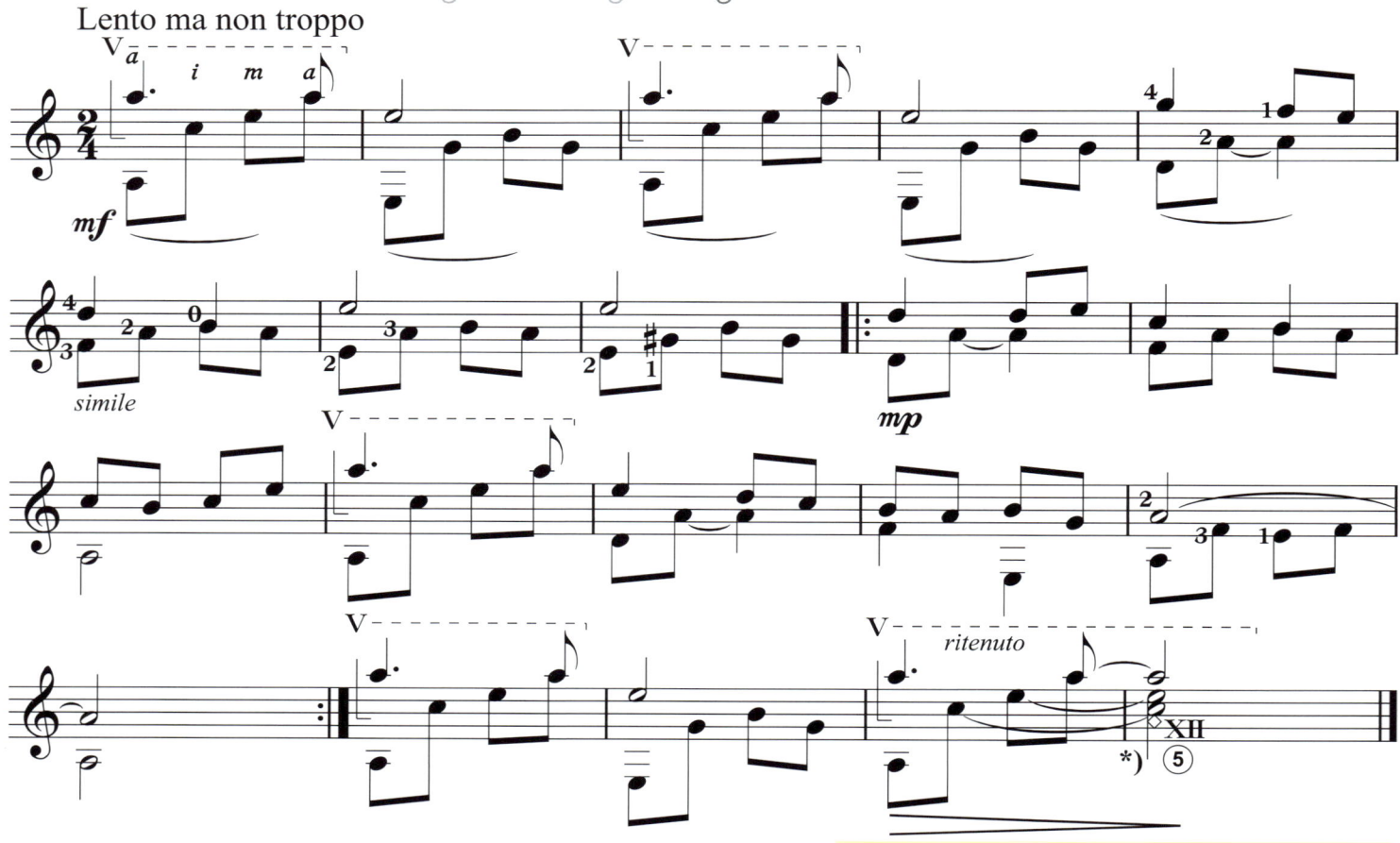

Lento ma non troppo

*) Zagraj flażolet samą prawą ręką.
   Play harmonics only with the right hand.
   Spiele das Flageolett nur mit der rechten Hand.

Część 1 *Part 1* *Teil 1*

Domek na prerii
Little House on the Prairie   Das Häuschen in der Prärie

Wspomnienie
Memory   Die Erinnerung

Staccato Blues

Allegretto
mf

Barré jest proste!
Barré is Easy! Barré ist einfach!

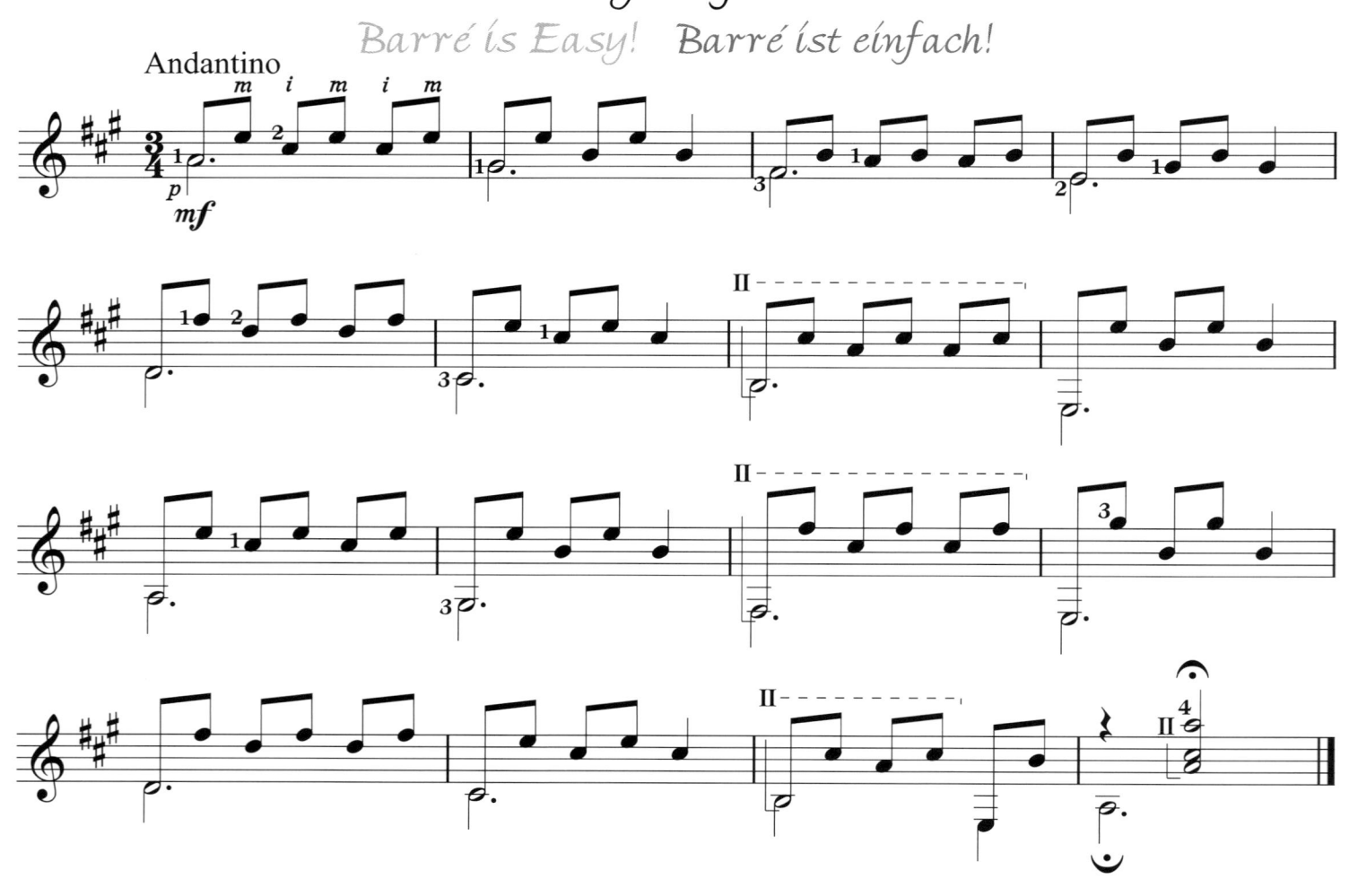

Andantino
p
mf

Spacer z głową w chmurach
Walking on Clouds   Verträumter Spaziergang

W rytmie samby
In a Samba Rhythm   Im Samba-Rhythmus

Allegretto

Milonga

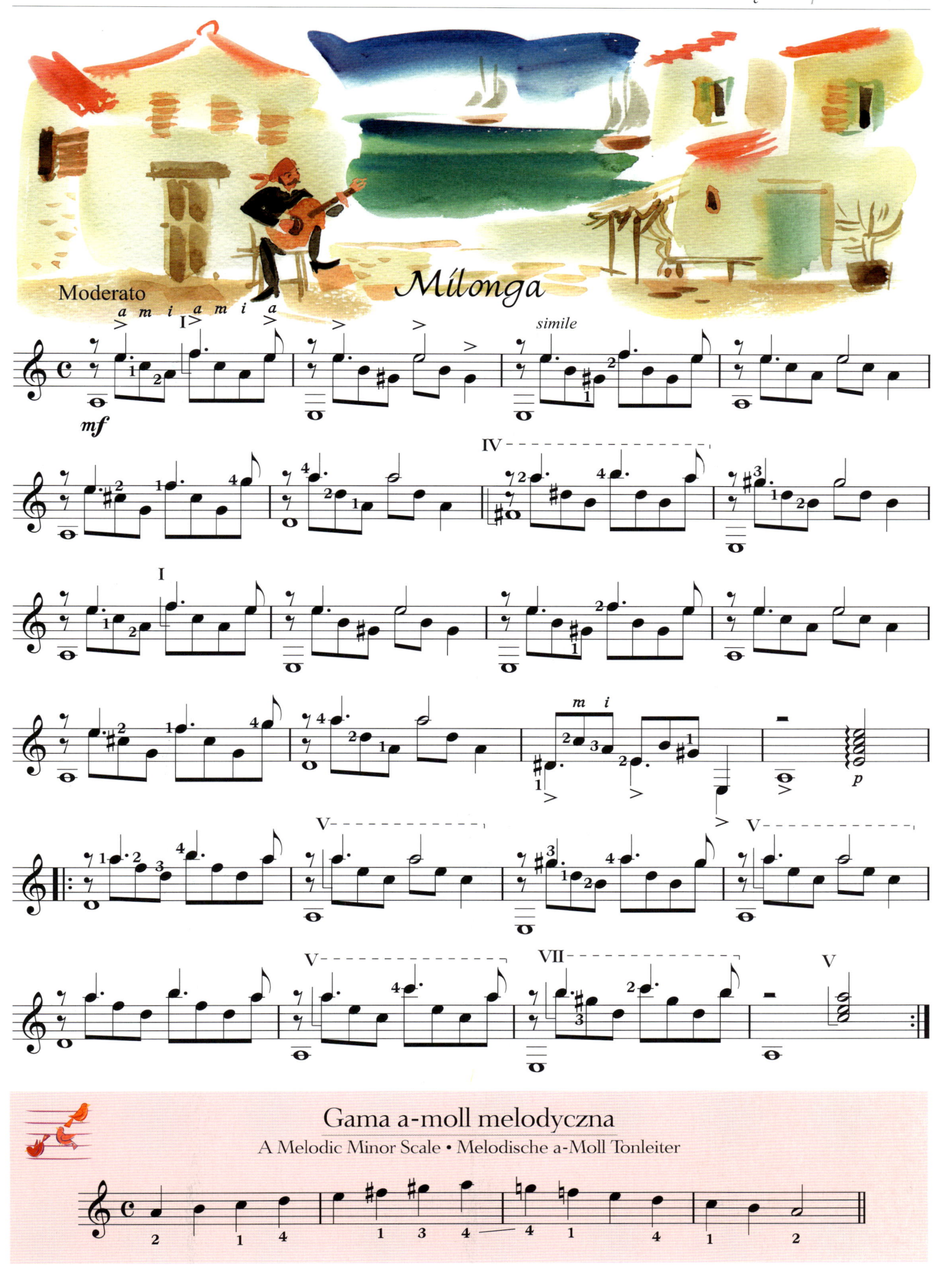

Moderato

Gama a-moll melodyczna
A Melodic Minor Scale • Melodische a-Moll Tonleiter

Walc dla Zuzanny
Waltz for Susan Walzer für Susanne

Mazurek étouffé
Mazurka Étouffé

*) zamiast *étouffé* można grać zwykłe dźwięki
 instead of *étouffé*, you can play the notes naturally
 anstatt *étouffé* kannst Du normale Töne spielen

Tatiana Stachak - Gitara ekstra klasa Extra Class Guitar Gitarre Extraklasse

Minutowa bossa
One-Minute Bossa Einminütige Bossa

stukanie prawą ręką w pudło • *tapping the guitar body with the right hand* • Mit der rechten Hand auf den Resonanzkörper klopfen

szybkie powtarzanie akordu „szorując" struny opuszkiem palca • *rapid repetition of a chord "brushing" the strings with the fingertip* • Schnelles Wiederholen des Akkords durch „Scheuern" mit der Fingerkuppe

Moderato

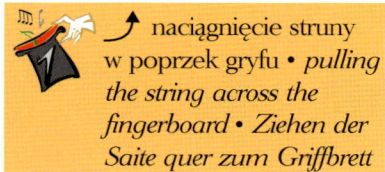

Bal z duchami
Ball with Ghosts · Ball mit Geistern

Część 1 · Part 1 · Teil 1

naciągnięcie struny w poprzek gryfu · pulling the string across the fingerboard · Ziehen der Saite quer zum Griffbrett

pizzicato Bartóka · Bartók-pizzicato · Bartók-Pizzicato

*) w wersji łatwiejszej zamiast flażoletów można grać zwykłe dźwięki
for an easier version, instead of harmonics, you can play the notes naturally
in einer einfacheren Version kann man anstatt der Flageoletts normale Töne spielen

Tremolo

Krople rosy
Dewdrops Tautropfen

Impresja
Impression

Andante espressivo

Da capo al Fine

Ułóż swoją *Malagenię*. Na początku wykonaj część A, do środka wybierz dowolne fragmenty, a na końcu zagraj Codę.

Compose your *Malagueña*. First perform part A, then choose fragments for the middle section, and close with a Coda.

Stell dir deine eigene *Malagueña* zusammen: Am Anfang spiele Teil A, in der Mitte wähle beliebige Fragmente und am Schluss häng die Coda an.

Malagueña

na motywach melodii hiszpańskiej
on the motifs of a Spanish melody
nach Motiven der spanischen Melodie

Część 1 Part 1 Teil 1

Melodia włoska
Italian Melody Italienische Melodie

Spadające liście – walc
Falling Leaves – Waltz   Fallendes Laub – Walzer

Allegretto

più lento

*) w wersji łatwiejszej zamiast flażoletów można grać dźwięki naturalne
/ for an easier version, instead of harmonics, you can play
the notes naturally / in einer einfacheren Version kann
man anstatt der Flageoletts normale Töne spielen

Marsz z wariacjami
March with Variations — Marsch mit Variationen

TEMA
Allegretto con brio

VARIAZIONE I

Część 1 Part 1 Teil 1

VARIAZIONE II

VARIAZIONE III

VARIAZIONE IV
Più lento

VARIAZIONE V
Tempo primo

Tango pizzicato

Ćwiczenia techniczne dla lewej ręki

Technical Exercises for the Left Hand • Technische Übungen für die linke Hand

Ćwiczenia chromatyczne
Chromatic Exercises • Chromatische Übungen

sposoby ćwiczenia
practice methods / Übungsmethoden

Te ćwiczenia możesz grać na rozgrzewkę. Wykonując je, zwróć uwagę na prawidłowy układ lewej ręki, staranne ustawianie palców i rozluźnienie po każdym ruchu.

You can play these exercises to warm up. In performing them, pay attention to proper left-hand position, careful finger placement, and make sure your hand and fingers are relaxed after you execute each motion.

Du kannst diese Übungen zum Aufwärmen spielen. Achte dabei auf die richtige Haltung der linken Hand, die sorgfältige Fingerhaltung und die Entspannung nach jeder Bewegung.

Ćwiczenia rozciągające palce lewej ręki wg M. Carcassiego
Stretching exercises for left-hand fingers, based on M. Carcassi
• Dehnungsübungen für die Finger der linken Hand nach M. Carcassi

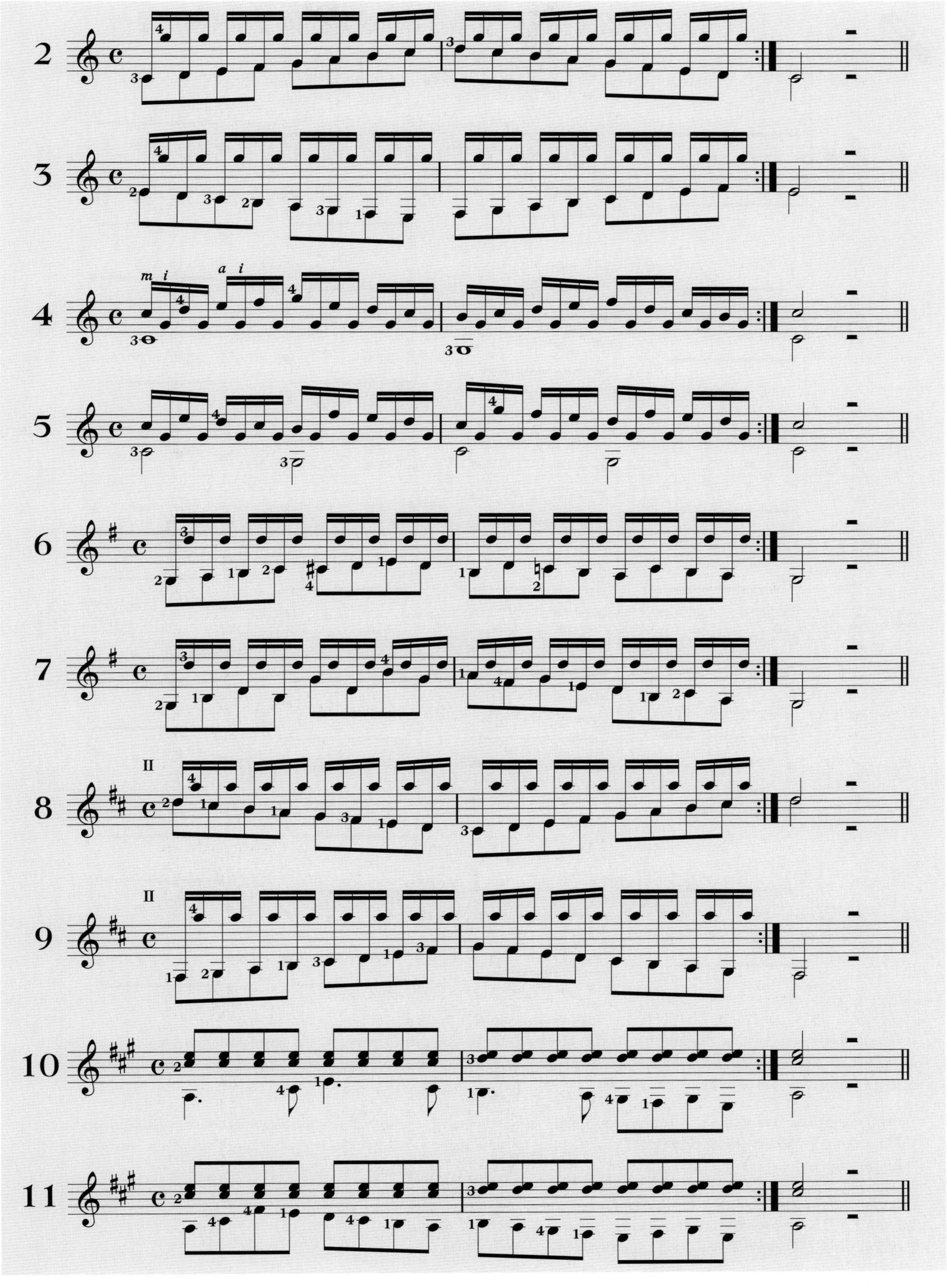
2
3
m i a i
4
5
6
7
II
8
II
9
10
11

Ćwiczenia na rozciąganie i niezależność palców

Exercises for stretching and independent motion of fingers

• Übungen für die Dehnbarkeit und unabhängige Beweglichkeit der Finger

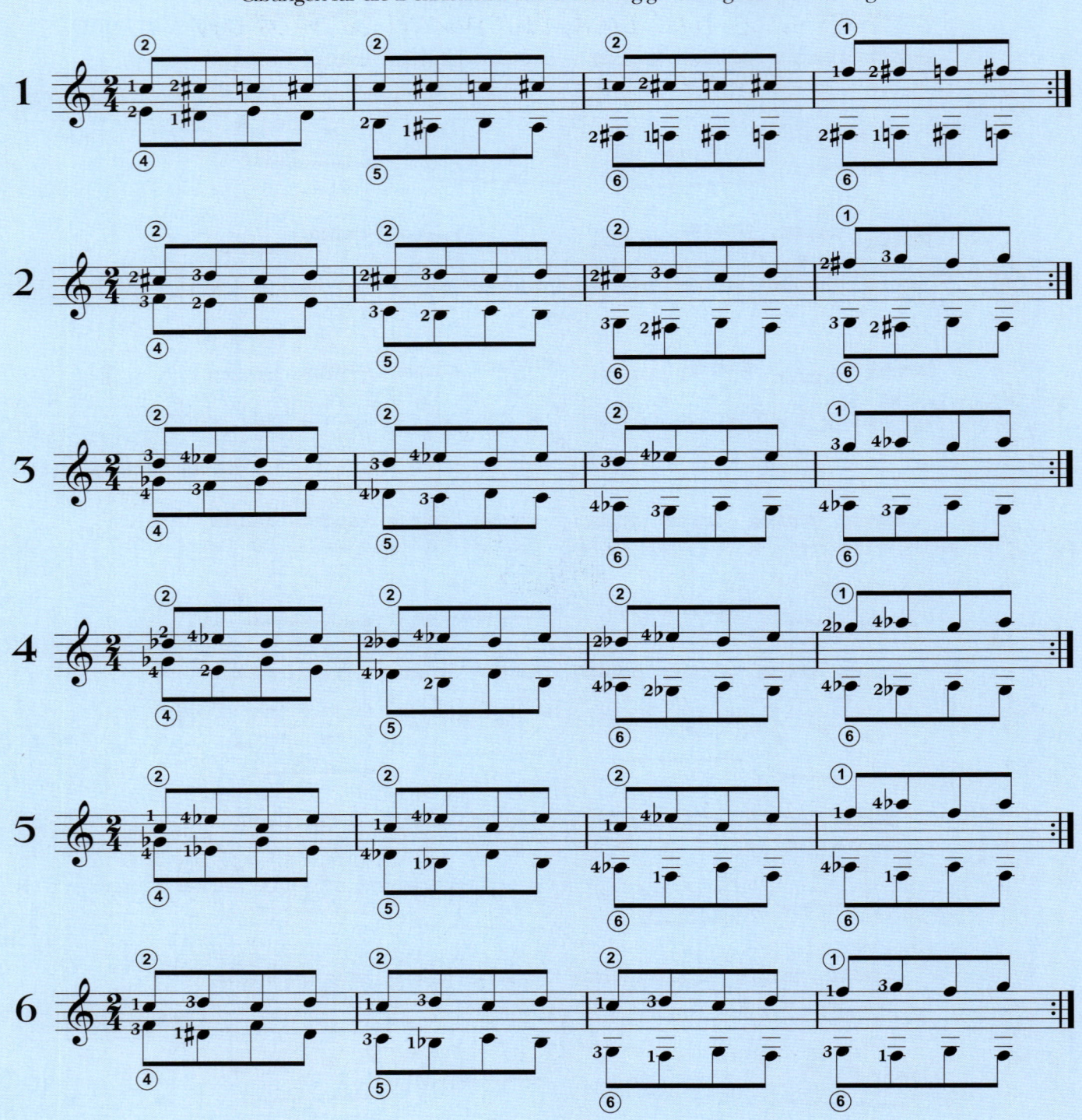

Jeśli podczas wykonywania ćwiczeń 1-6 palce, które nie przyciskają strun zbyt mocno odstają od gryfu, możesz oprzeć je na 3. strunie (na odpowiednich progach). Staraj się ich zbyt mocno nie dociskać. Wszystkie zamieszczone tu ćwiczenia można zacząć grać od wysokich pozycji.

If, while performing exercises 1-6, the fingers which are not pressing the strings rise too high off the strings, you can rest them on the 3rd string (on appropriate frets). Try not to press them too hard. You can play all the exercises, starting from high positions.

Wenn während der Übungen 1-6 Deine Finger, die die Saiten nicht drücken, zu sehr vom Griffbrett abstehen, kannst Du sie auf die 3. Saite aufsetzen (auf den entsprechenden Bünden). Versuche sie nicht zu fest aufzudrücken. Du kannst am Anfang diese Übungen in höheren Lagen spielen.

Część 2
45 już nie tak łatwych utworów

Part 2 / Teil 2
45 Not-So-Easy Pieces
45 gar nicht mehr so einfache Stücke

Taniec
Dance Tanz

F. Molino

Allegretto

J. Küffner

Walc
Waltz Walzer

F. Carulli

Andantino

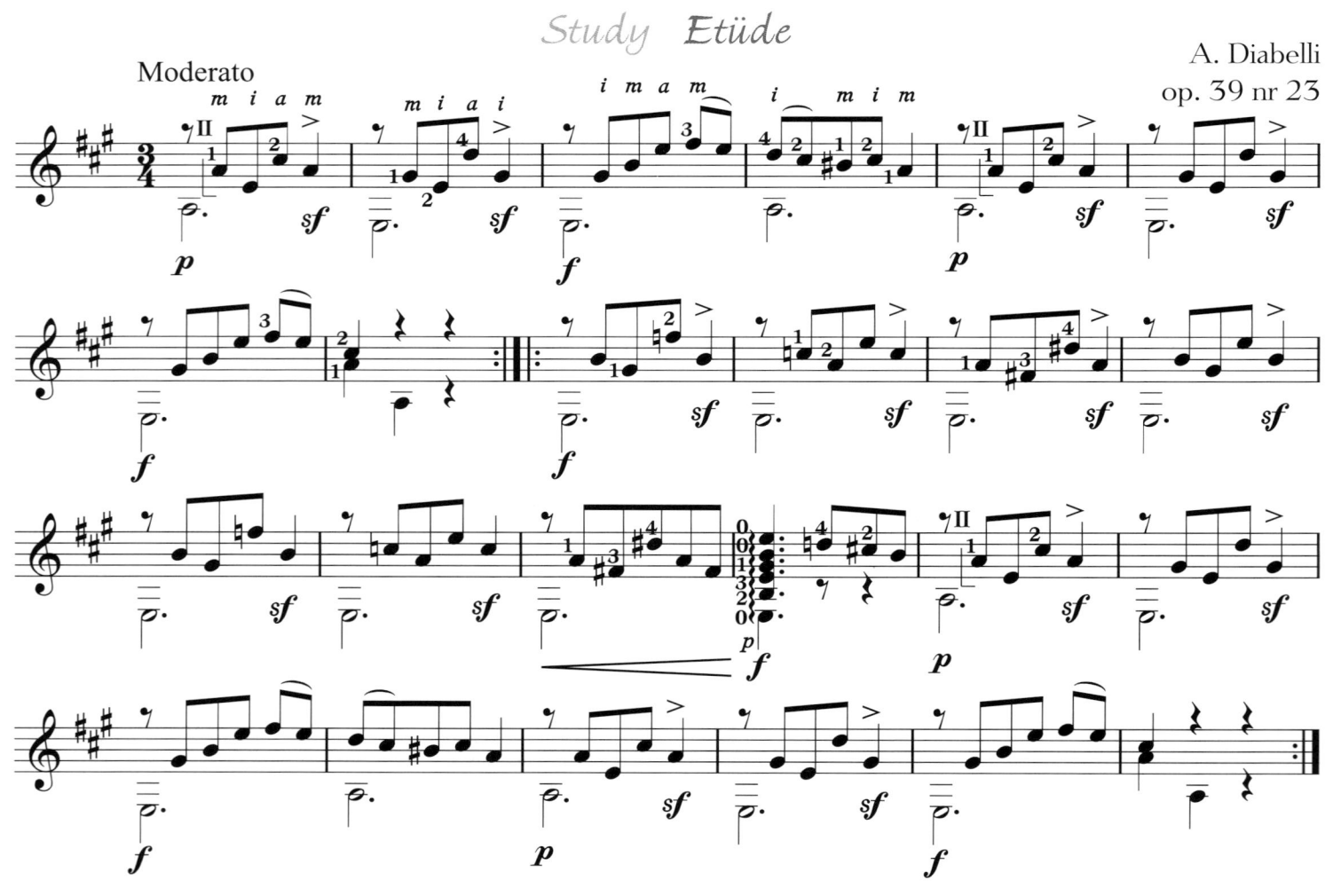

Walc
Waltz Walzer

Allegretto

A. Meissonier

Fine

Da capo al Fine

Etiuda
Study Etüde

Moderato

A. Diabelli
op. 39 nr 23

Etiuda
Study Etüde

M. Carcassi
op. 21 nr 17

Moderato

A. Diabelli
op. 39 nr 15

Walczyk
Little Waltz   Kleiner Walzer

D. Aguado

Allegretto

Allegretto

F. Carulli

Gama G-dur przez dwie oktawy
G Major Scale in Two Octaves • G-Dur Tonleiter über zwei Oktaven

Pasaż i kadencja G-dur
Arpeggio and Cadence in G Major • G-Dur Dreiklangszerlegung und Kadenz

Andantino

F. Carulli

Menuet
Minuet Menuett

Anonim / Anonymous / Anonym

appoggiatura — zapis / notation — wykonanie / execution / Ausführung

Menuet

Minuet   Menuett

J. Krieger

Andante

M. Carcassi

Gama D-dur przez dwie oktawy
D Major Scale in Two Octaves • D-Dur Tonleiter über zwei Oktaven

Pasaż i kadencja D-dur
Arpeggio and Cadence in D Major • D-Dur Dreiklangszerlegung und Kadenz

Andantino grazioso

F. Carulli

Da capo al Fine

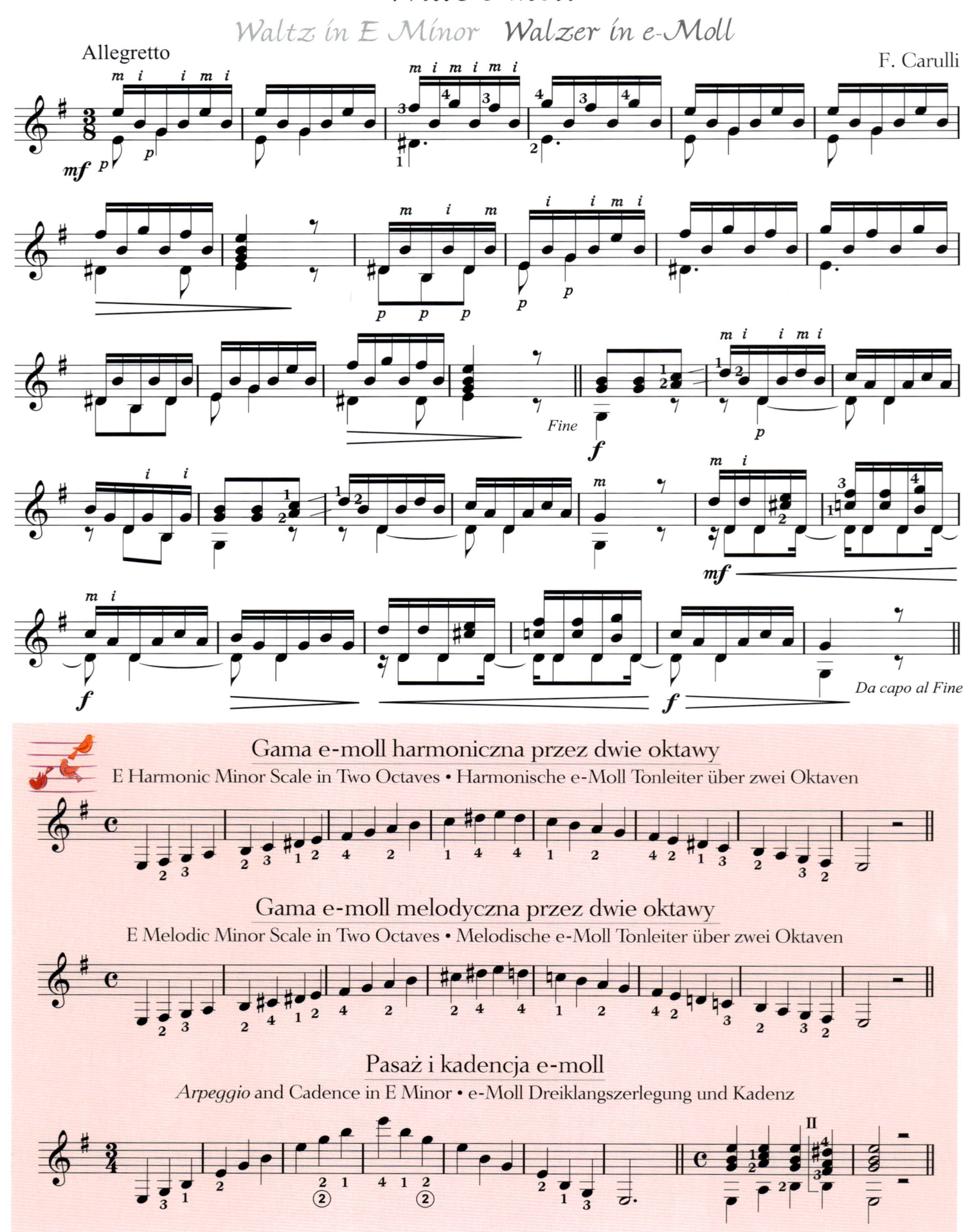

Walc e-moll
Waltz in E Minor   Walzer in e-Moll

Allegretto

F. Carulli

Gama e-moll harmoniczna przez dwie oktawy
E Harmonic Minor Scale in Two Octaves • Harmonische e-Moll Tonleiter über zwei Oktaven

Gama e-moll melodyczna przez dwie oktawy
E Melodic Minor Scale in Two Octaves • Melodische e-Moll Tonleiter über zwei Oktaven

Pasaż i kadencja e-moll
Arpeggio and Cadence in E Minor • e-Moll Dreiklangszerlegung und Kadenz

Etiuda
Study   Etüde

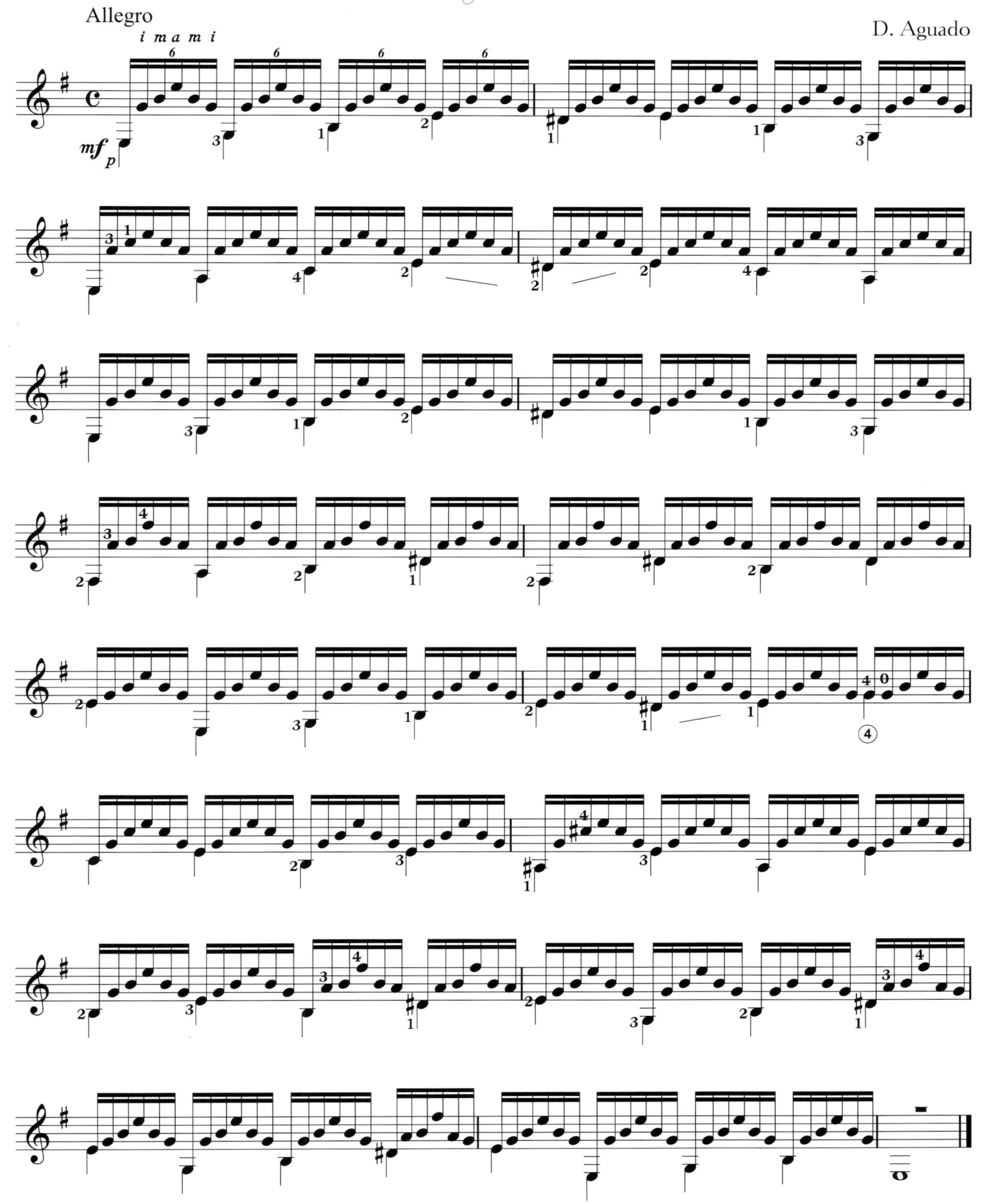

Allegro

D. Aguado

Etiuda
Study Etüde

F. Sor
op. 31 nr 3

Allegro moderato

Rondo

Allegro non troppo

F. Molino

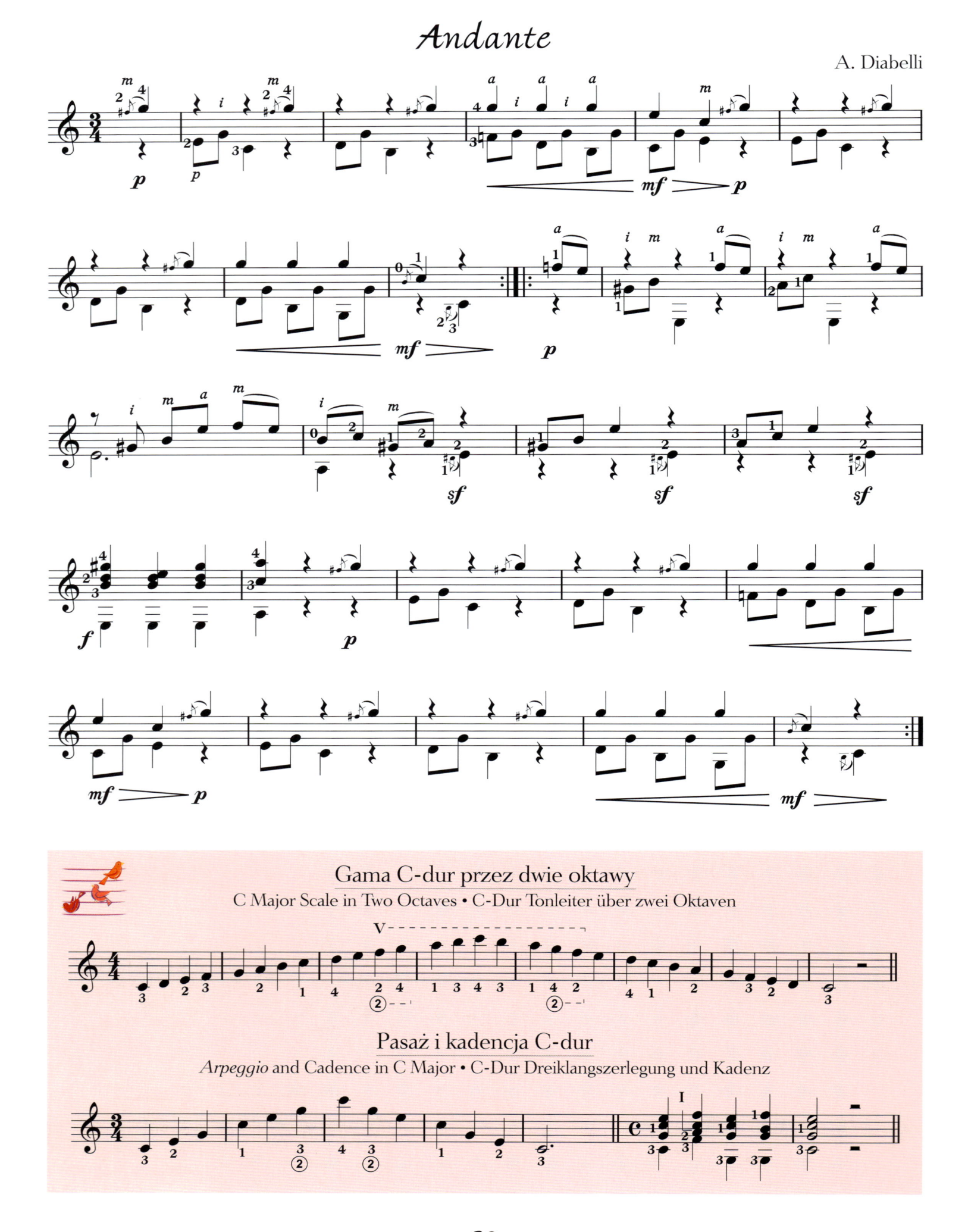

Andante

A. Diabelli

Gama C-dur przez dwie oktawy
C Major Scale in Two Octaves • C-Dur Tonleiter über zwei Oktaven

Pasaż i kadencja C-dur
Arpeggio and Cadence in C Major • C-Dur Dreiklangszerlegung und Kadenz

Larghetto

M. Carcassi

Rondo

Allegretto

M. Carcassi

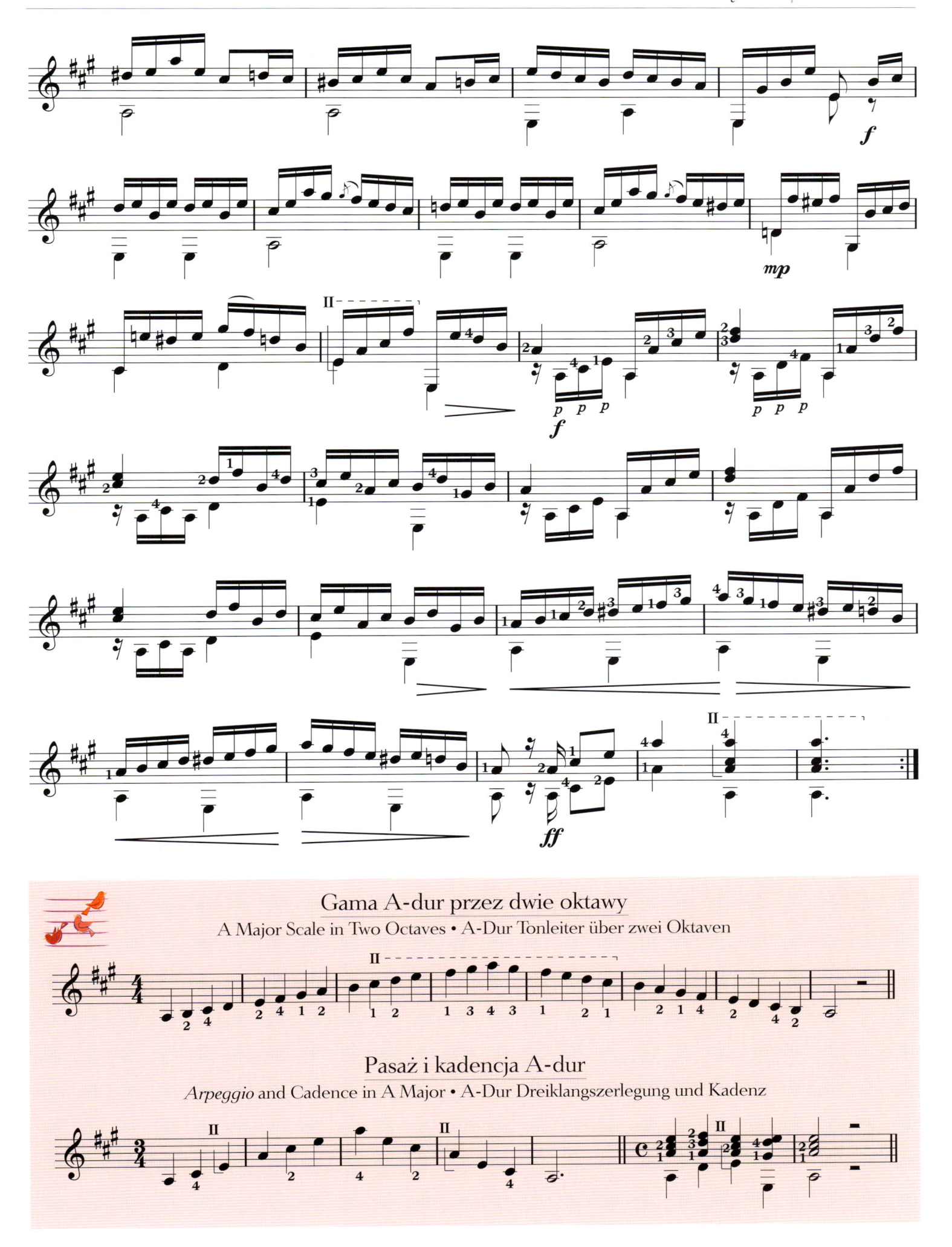

Gama A-dur przez dwie oktawy
A Major Scale in Two Octaves • A-Dur Tonleiter über zwei Oktaven

Pasaż i kadencja A-dur
Arpeggio and Cadence in A Major • A-Dur Dreiklangszerlegung und Kadenz

Pastorale

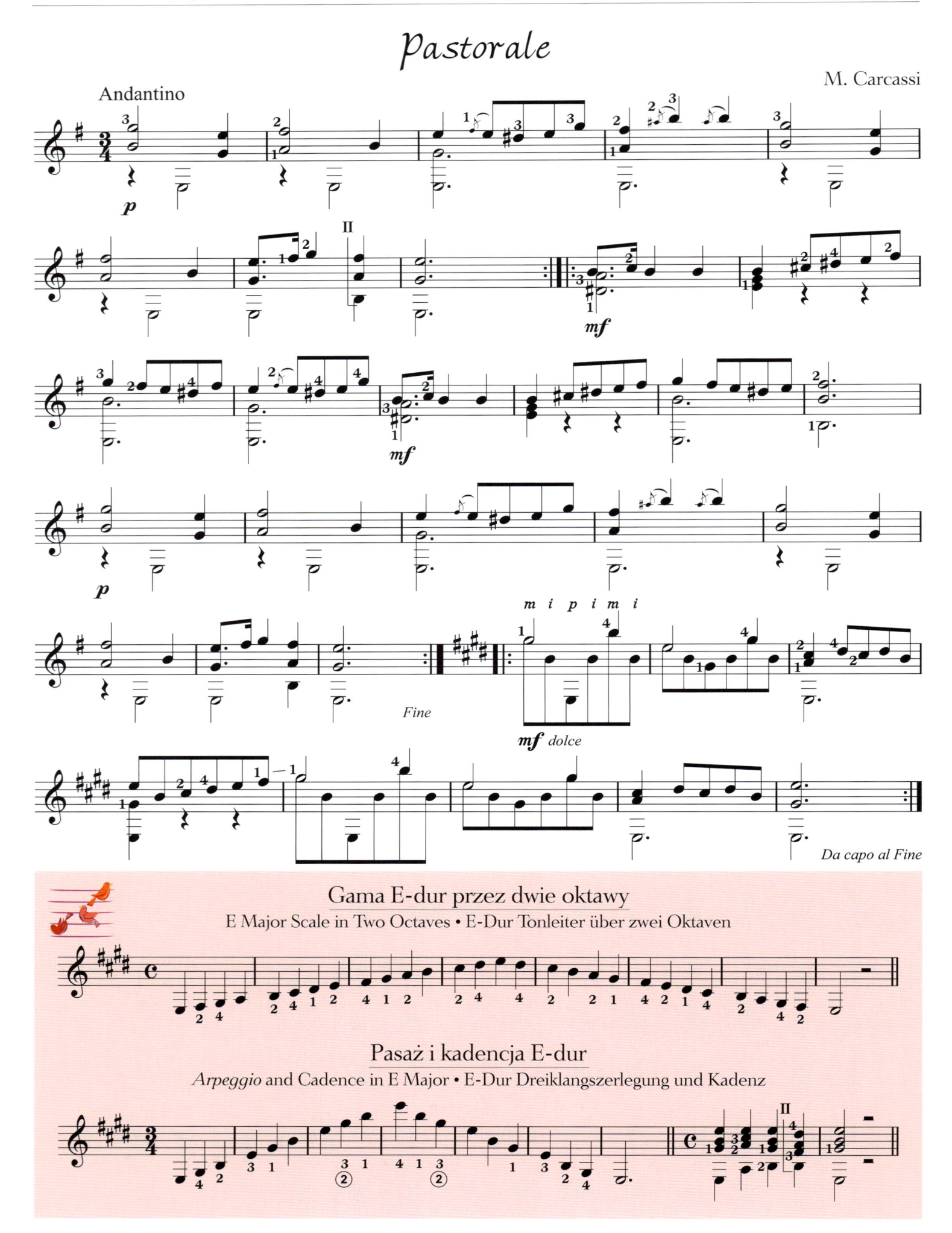

M. Carcassi

Gama E-dur przez dwie oktawy
E Major Scale in Two Octaves • E-Dur Tonleiter über zwei Oktaven

Pasaż i kadencja E-dur
Arpeggio and Cadence in E Major • E-Dur Dreiklangszerlegung und Kadenz

Andante

F. Carulli

Rondo z Sonatíny

Rondo from Sonatina   Rondo aus der Sonatine

M. Giuliani
op. 96 nr 2

Da capo al Fine

Allegretto

M. Carcassi

Mała wariacja
Little Variation   Kleine Variation

J. K. Mertz

VARIAZIONE

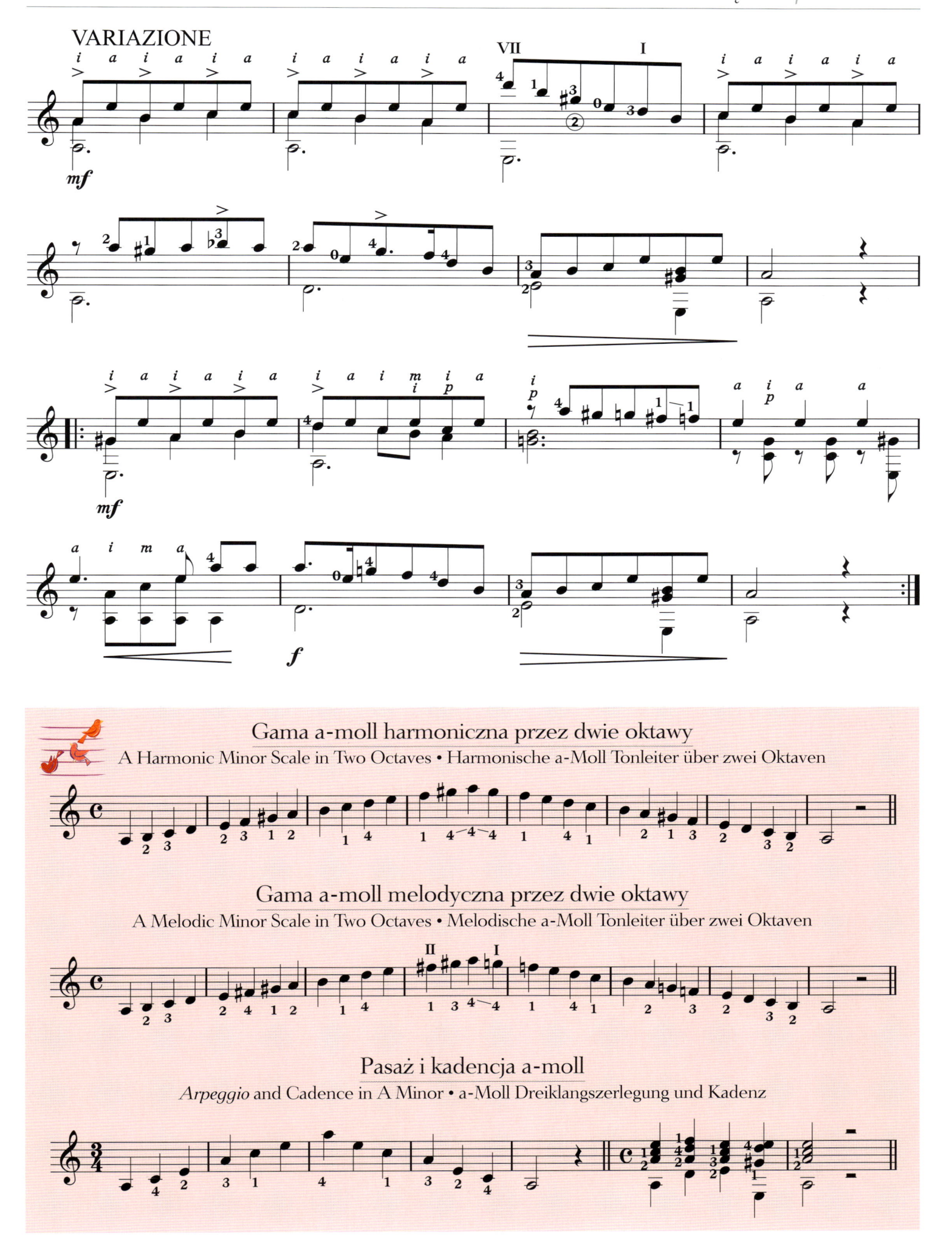

Gama a-moll harmoniczna przez dwie oktawy
A Harmonic Minor Scale in Two Octaves • Harmonische a-Moll Tonleiter über zwei Oktaven

Gama a-moll melodyczna przez dwie oktawy
A Melodic Minor Scale in Two Octaves • Melodische a-Moll Tonleiter über zwei Oktaven

Pasaż i kadencja a-moll
Arpeggio and Cadence in A Minor • a-Moll Dreiklangszerlegung und Kadenz

Menuet
Minuet Menuett

J. S. Bach

Sonatína

Sonatina Sonatine

Allegretto

A. Cottin

Allegretto

F. Carulli

Gama F-dur przez dwie oktawy
F Major Scale in Two Octaves • F-Dur Tonleiter über zwei Oktaven

Pasaż i kadencja F-dur
Arpeggio and Cadence in F Major • F-Dur Dreiklangszerlegung und Kadenz

Andante

F. Carulli

Andante

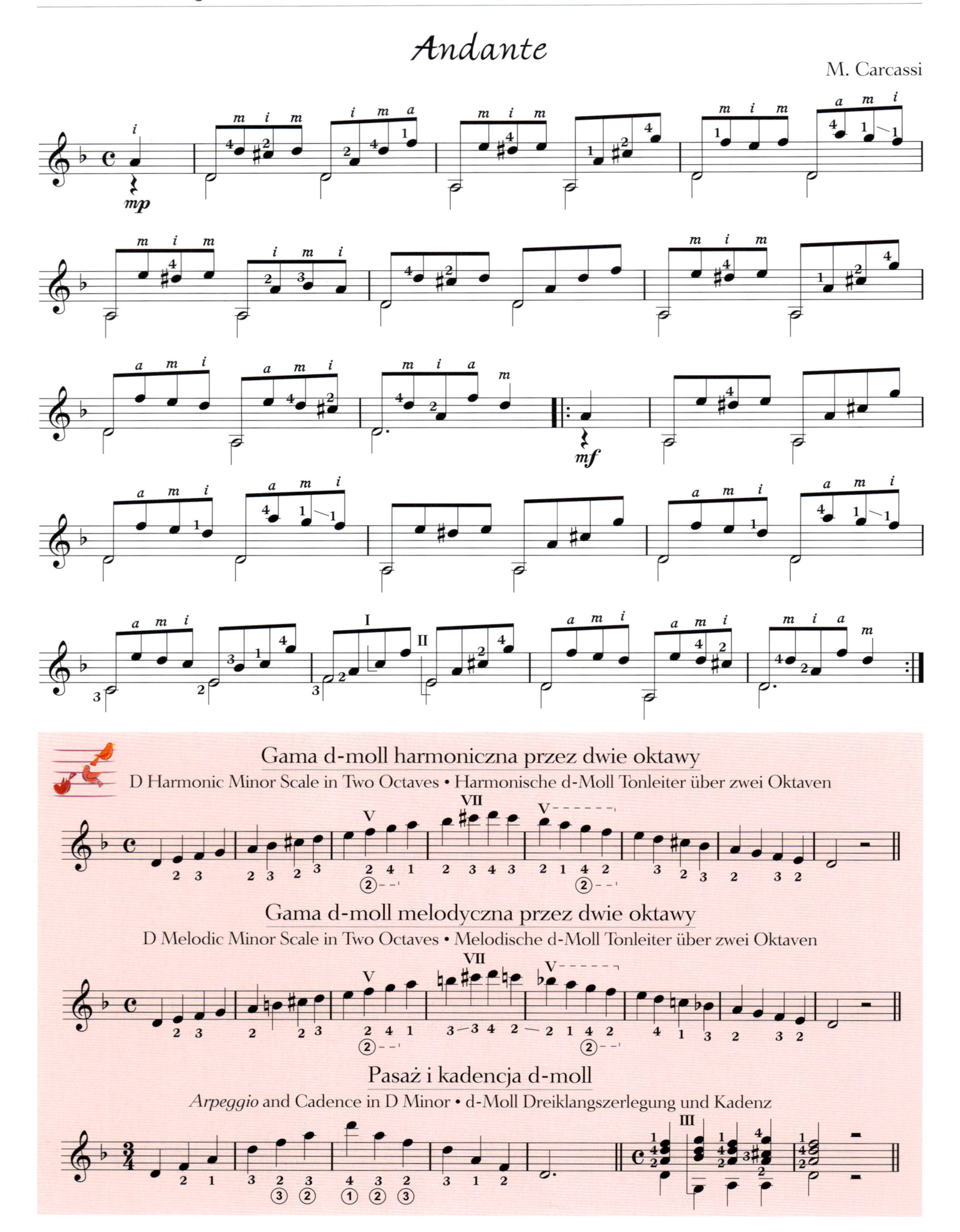

M. Carcassi

Gama d-moll harmoniczna przez dwie oktawy
D Harmonic Minor Scale in Two Octaves • Harmonische d-Moll Tonleiter über zwei Oktaven

Gama d-moll melodyczna przez dwie oktawy
D Melodic Minor Scale in Two Octaves • Melodische d-Moll Tonleiter über zwei Oktaven

Pasaż i kadencja d-moll
Arpeggio and Cadence in D Minor • d-Moll Dreiklangszerlegung und Kadenz

Kaprys
Caprice Capriccio

M. Carcassi

Rondo

M. Carcassi

Allegretto

Barkarola

Barcarolle Barcarole

Allegretto

N. Coste

Bourrée

J. de Saint-Luc

Menuet i trio

Minuet and Trio   Menuett und Trio

M. Carcassi

MENUET Allegretto

Fine

TRIO

Da capo al Fine

Etiuda
Study Etüde

M. Carcassi op. 60 nr 1

Allegro

Andante

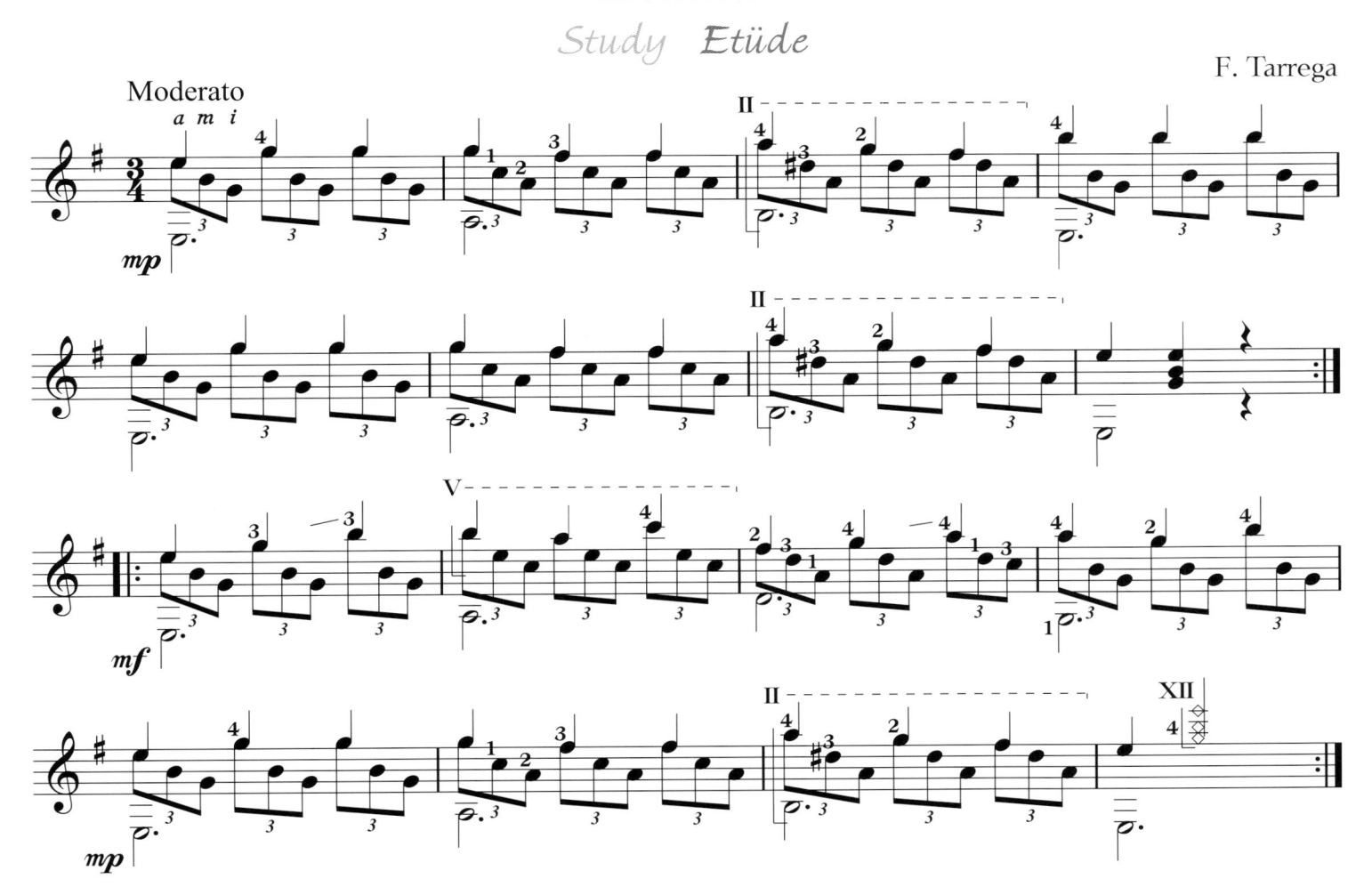

F. Carulli

Etiuda
Study   Etüde

F. Tarrega

Preludium
Prelude   Präludium

A. Diabelli

Allegro

Część 2 Part 2 Teil 2

Etiuda
Study Etüde

M. Carcassi
op. 60 nr 7

Etiuda
Study Etüde

F. Sor op. 35 nr 8

Kaprys

Caprice   Capriccio

M. Carcassi
op. 26 nr 4

Część 2 Part 2 Teil 2

Etiuda
Study Etüde

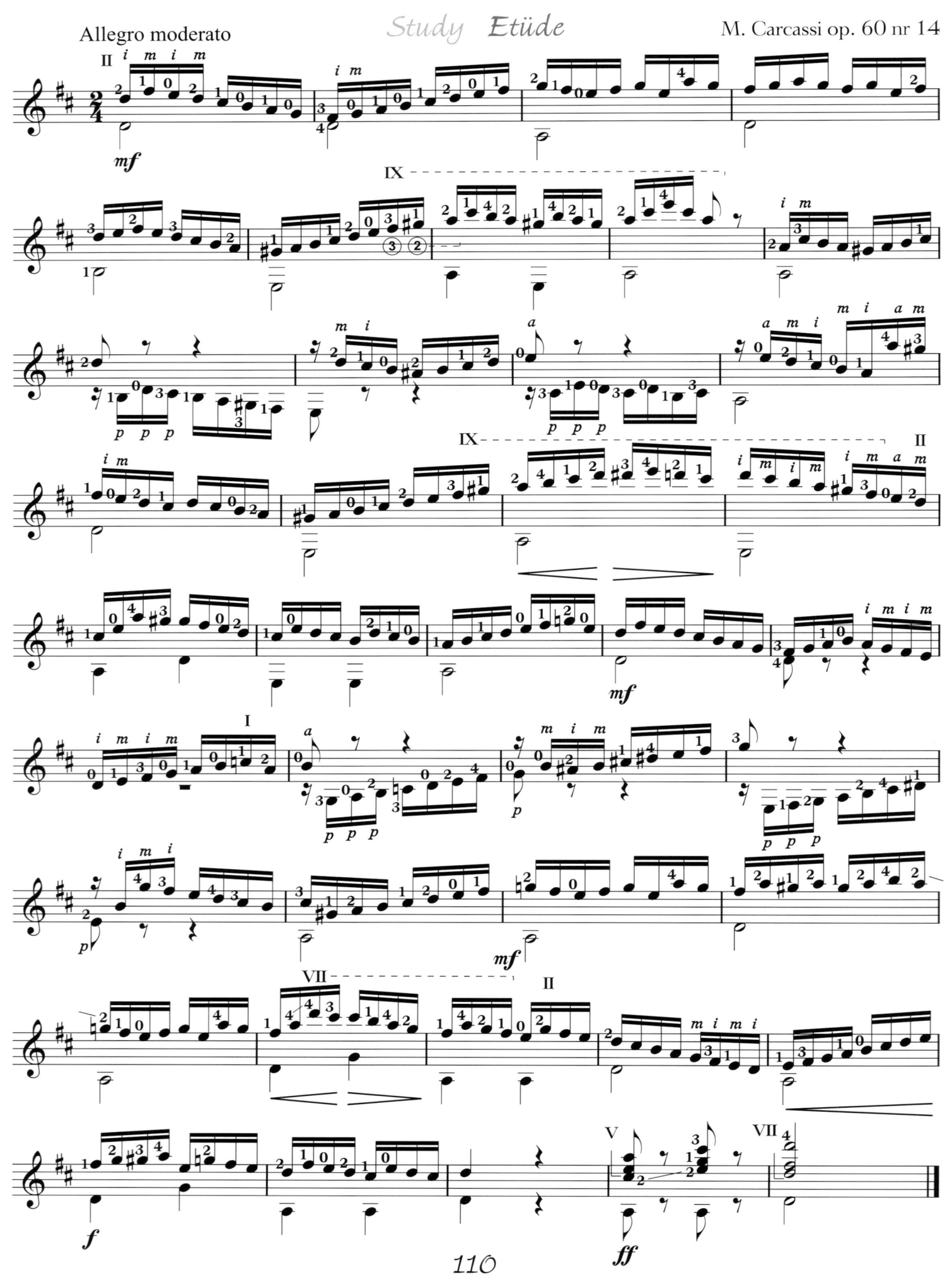

Allegro moderato

M. Carcassi op. 60 nr 14

Część 2 Part 2 Teil 2

Schemat gamy durowej od 5. struny przez dwie oktawy
Two-Octave Major Scale Pattern, Starting From 5th String • Schema einer Dur-Tonleiter ab der 5. Saite über 2 Oktaven

Schemat gamy durowej od 6. struny przez dwie oktawy
Two-Octave Major Scale Pattern, Starting From 6th String • Schema einer Dur-Tonleiter ab der 6. Saite über 2 Oktaven

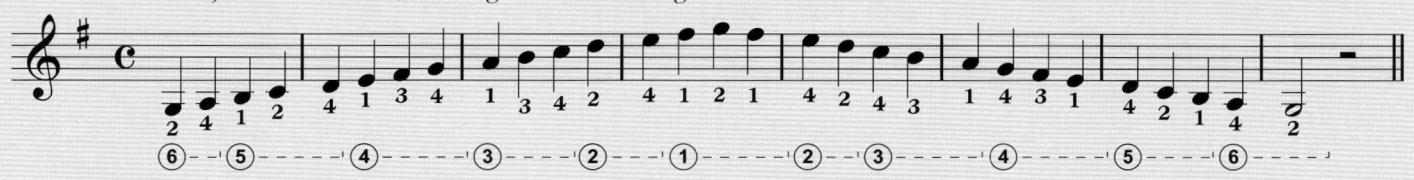

Schemat gamy durowej od 6. struny przez trzy oktawy
Three-Octave Major Scale Pattern, Starting From 6th String • Schema einer Dur-Tonleiter ab der 6. Saite über 3 Oktaven

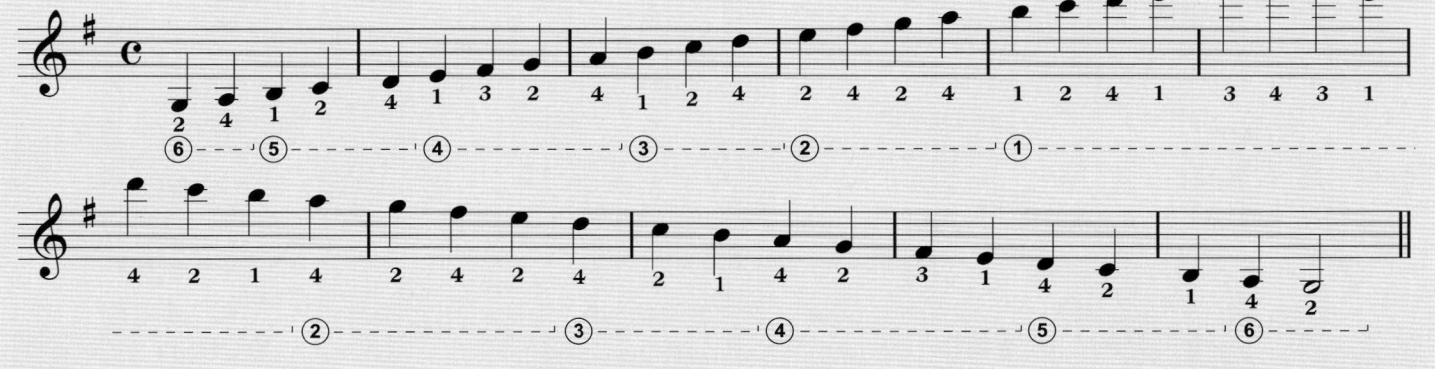

Schemat pasażu durowego od 5. struny
Major *Arpeggio* Pattern, Starting From 5th String • Schema einer Dur-Dreiklangszerlegung ab der 5. Saite

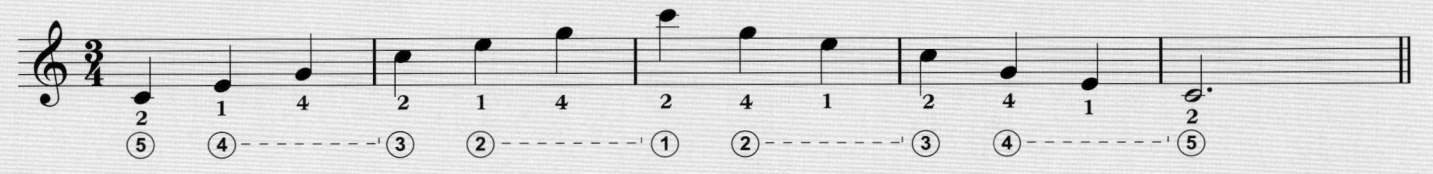

Schemat pasażu durowego od 6. struny
Major *Arpeggio* Pattern, Starting From 6th String • Schema einer Dur-Dreiklangszerlegung ab der 6. Saite

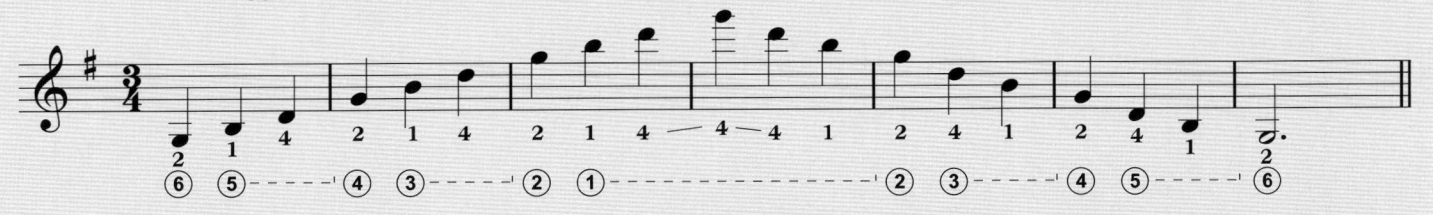

Schemat kadencji durowych
Pattern for Major Cadences • Schema der Dur-Kadenzen

Schematy zamieszczone na tej stronie umożliwiają granie gam, pasaży i kadencji we wszystkich tonacjach durowych.
The patterns on this page will enable you to play scales, arpeggi and cadences in all major keys.
Die auf dieser Seite abgedruckten Schemata ermöglichen das Spielen von Tonleitern, Dreiklangszerlegungen und Kadenzen in allen Dur-Tonarten.

Etiuda
Study Etüde

M. Giuliani
op. 100 nr 11

Allegro

Schemat gamy molowej harmonicznej od 5. struny przez dwie oktawy
Two-Octave Harmonic Minor Scale Pattern, Starting From 5th String
Schema einer harmonischen Moll-Tonleiter ab der 5. Saite über 2 Oktaven

Schemat gamy molowej harmonicznej od 6. struny przez dwie oktawy
Two-Octave Harmonic Minor Scale Pattern, Starting From 6th String
Schema einer harmonischen Moll-Tonleiter ab der 6. Saite über 2 Oktaven

Schemat gamy molowej harmonicznej od 6. struny przez trzy oktawy
Three-Octave Harmonic Minor Scale Pattern, Starting From 6th String
Schema einer harmonischen Moll-Tonleiter ab der 6. Saite über 3 Oktaven

Tatiana Stachak - Gitara ekstra klasa *Extra Class Guitar* *Gitarre Extraklasse*

Schemat gamy molowej melodycznej od 5. struny przez dwie oktawy
Two-Octave Melodic Minor Scale Pattern, Starting From 5th String
Schema einer melodischen Moll-Tonleiter ab der 5. Saite über 2 Oktaven

Schemat gamy molowej melodycznej od 6. struny przez dwie oktawy
Two-Octave Melodic Minor Scale Pattern, Starting From 6th String • Schema einer melodischen Moll-Tonleiter ab der 6. Saite über 2 Oktaven

Schemat gamy molowej melodycznej od 6. struny przez trzy oktawy
Three-Octave Melodic Minor Scale Pattern, Starting From 6th String • Schema einer melodischen Moll-Tonleiter ab der 6. Saite über 3 Oktaven

Schemat pasażu molowego od 5. struny
Minor *Arpeggio* Pattern, Starting From 5th String • Schema einer Moll-Dreiklangszerlegung ab der 5. Saite

Schemat pasażu molowego od 6. struny
Minor *Arpeggio* Pattern, Starting From 6th String • Schema einer Moll-Dreiklangszerlegung ab der 6. Saite

Schemat kadencji molowych
Pattern for Minor Cadences • Schema von Moll-Kadenzen

Schematy zamieszczone na stronach 123, 124 umożliwiają granie gam, pasaży i kadencji we wszystkich tonacjach molowych.
The patterns on pages 123, 124 will enable you to play scales, arpeggi and cadences in all minor keys.
Die auf Seite 123-124 abgedruckten Schemata ermöglichen das Spielen von Tonleitern, Dreiklangszerlegungen und Kadenzen in allen Moll-Tonarten.

Część 3
Gitara i przyjaciele
solo, duo, trio

Part 3 / Teil 3
Guitar and Friends / Die Gitarre und Freunde
solo, duo, trio / Solo, Duo, Trio

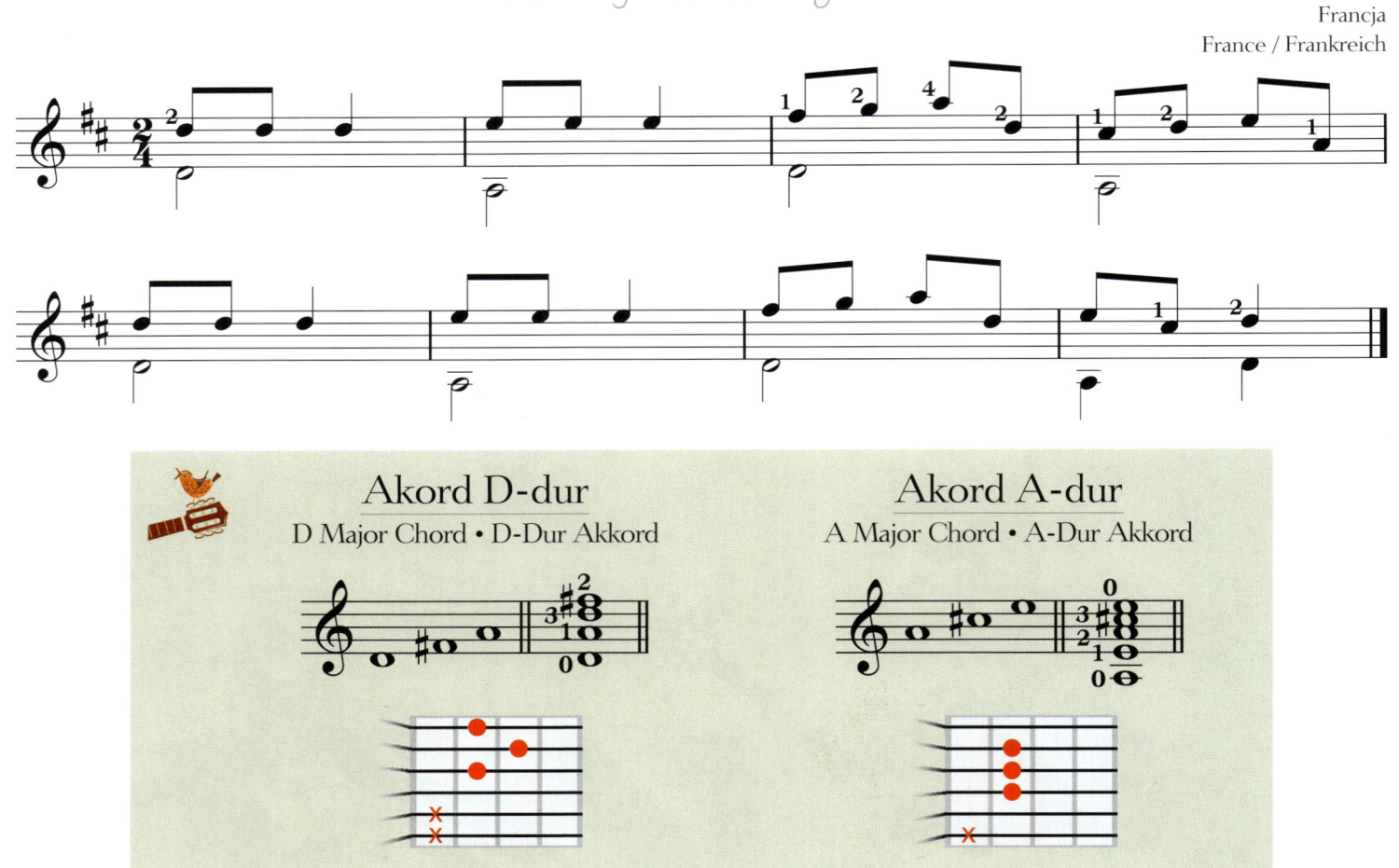

Na moście w Avignon
Sur le pont d'Avignon

Francja
France / Frankreich

Akord D-dur
D Major Chord • D-Dur Akkord

Akord A-dur
A Major Chord • A-Dur Akkord

Na moście w Avignon
Sur le pont d'Avignon

Francja
France / Frankreich

Panie Janie
Frère Jacques

Francja
France / Frankreich

Akord G-dur
G Major Chord • G-Dur Akkord

Panie Janie
Frère Jacques

Francja
France / Frankreich

Były sobie kurki trzy
Twinkle, Twinkle Little Star   Morgen kommt der Weihnachtsmann

Francja
France / Frankreich

Akord C-dur
C Major Chord • C-Dur Akkord

Były sobie kurki trzy
Twinkle, Twinkle Little Star   Morgen kommt der Weihnachtsmann

Francja
France / Frankreich

Fine

Da capo al Fine

Akord a-moll
A Minor Chord • a-Moll Akkord

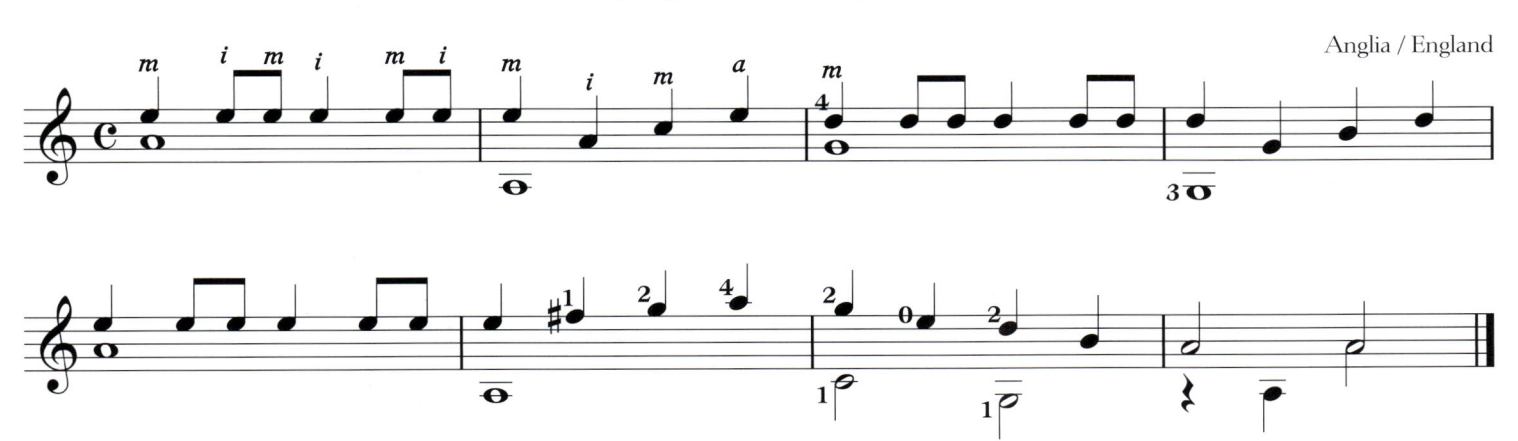

Płynie łódź moja
Drunken Sailor

Anglia / England

Cicha noc
Silent Night • Stille Nacht
F. X. Gruber

Cicha noc
Silent Night • Stille Nacht
F. X. Gruber

Oh! Susanna

S. Foster

Greensleeves

Anglia / England

Akord E-dur
E Major Chord • E-Dur Akkord

Akord F-dur
F Major Chord • F-Dur Akkord

Oh! Susanna

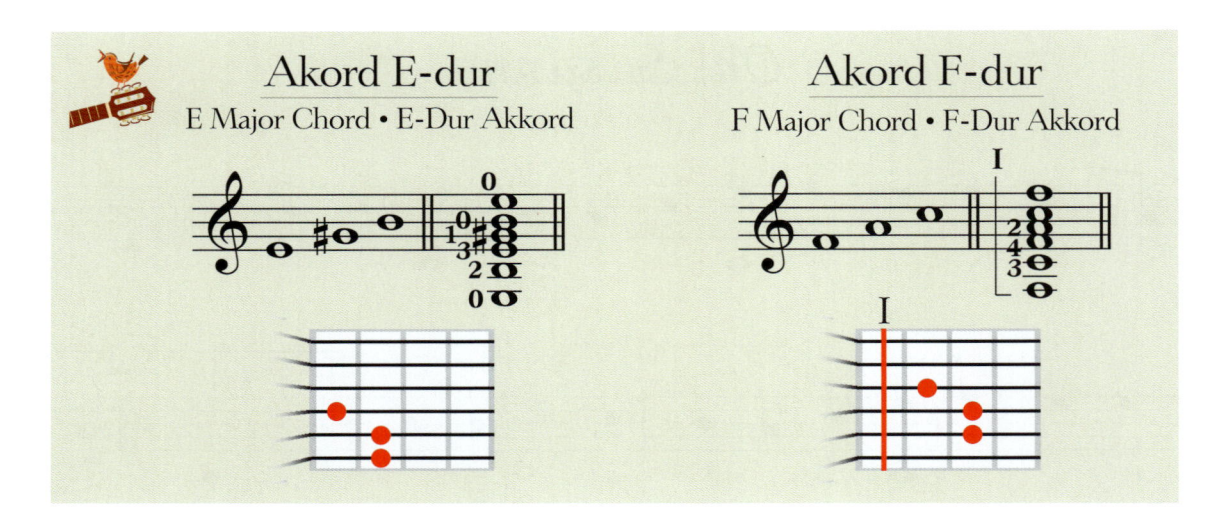

S. Foster

Greensleeves

Anglia / England

Auld Lang Syne

Szkocja
Scotland / Schottland

Auld Lang Syne

Szkocja
Scotland / Schottland

Pada śnieg
Jingle Bells

USA

Pada śnieg
Jingle Bells

USA

Taniec żyrafy
Giraffe's Dance Giraffentanz

*) dowolny efekt perkusyjny
percussive effect of your choice
beliebiger Perkussionseffekt

Dal 𝄋 al ⊕ e poi Coda

Violino

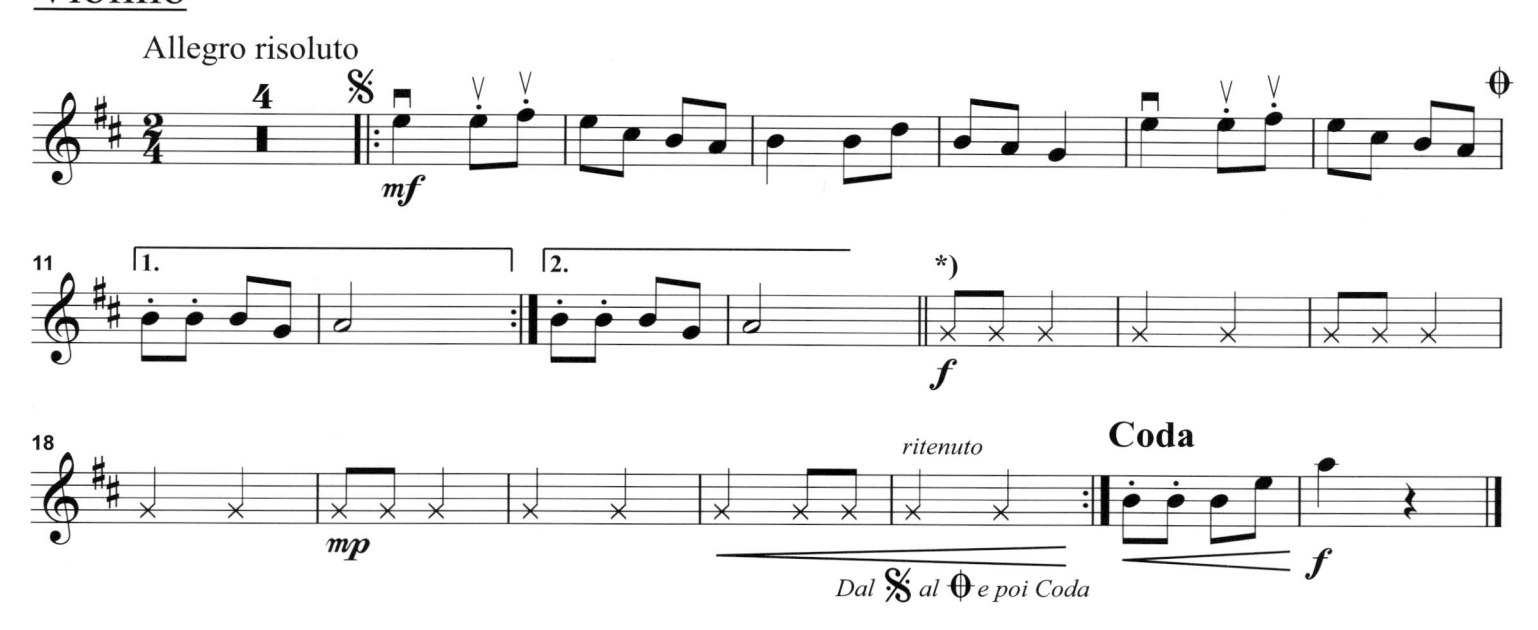

Flauto

Violoncello

*) dowolny efekt perkusyjny
percussive effect of your choice
beliebiger Perkussionseffekt

Kołysanka
Lullaby Wiegenlied

Violino

Moderato tranquillo

Flauto

Moderato tranquillo

Violoncello

Moderato tranquillo

Opowieść żeglarza
Sailor's Tale   Seemannsgarn

Violino

Flauto

Violoncello

Ragtime

*) arpeggio palcem prawej ręki między siodełkiem a kołkami
arpeggio *with right-hand finger between nut and pegs*
Arpeggio *mit einem Finger der rechten Hand zwischen dem Sattel und den Wirbeln*

Dal 𝄋 al ⊕ e poi Coda

Część 3 Part 3 Teil 3

Violino

Flauto

Violoncello

Wiosenny wietrzyk

Spring Breeze   Frühlingslüftchen

Violino

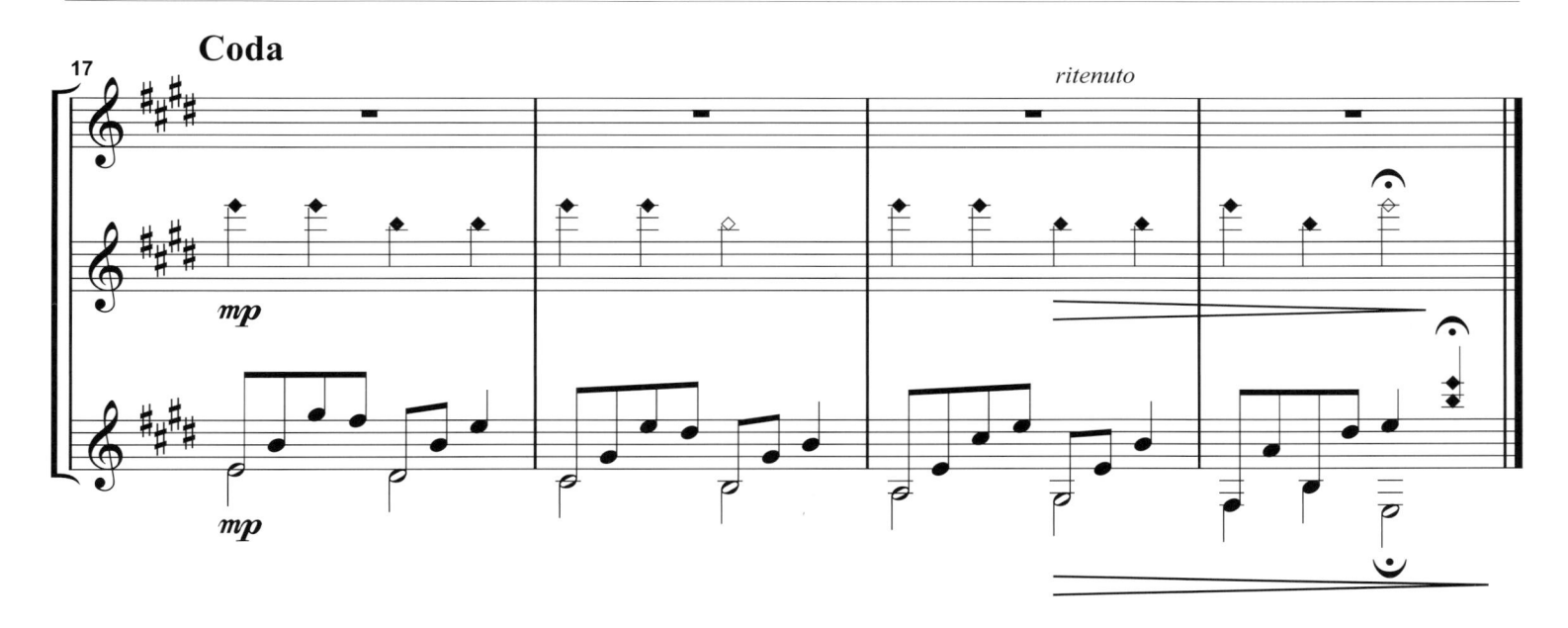

Andantino leggiero

mf dolce

mp crescendo

decrescendo

Dal 𝄋 al ⊕ e poi Coda

Flauto

Andantino leggiero

mf dolce

mp crescendo

decrescendo

Dal 𝄋 al ⊕ e poi Coda

Taniec staropolski
Old Polish Dance Altpolnischer Tanz

Allegretto ♩ = 120

Romuald Twardowski

Część 3 Part 3 Teil 3

*) stukanie w pudło / tapping the guitar body / auf den Resonanzkörper klopfen

Tatiana Stachak - *Gitara ekstra klasa Extra Class Guitar Gitarre Extraklasse*

*) stukanie w pudło / tapping the guitar body / auf den Resonanzkörper klopfen

Da capo al Fine
(1989)

Mały słowniczek muzyczny
Small Music Dictionary • Kleines Musiklexikon

accel. (accelerando) – przyspieszając / *accelerating* / *schneller werdend*

ad libitum – dowolnie / *freely* / *nach Belieben*

adagio – powoli / *slowly* / *langsam*

alla marcia – na wzór marsza / *in march style* / *marschartig*

allarg. (allargando) – rozszerzając / *becoming broader* / *verbreitern*

allegretto – trochę wolniej niż *allegro* / *a little slower than allegro* / *ein wenig langsamer als* allegro

allegro – wesoło, szybko / *cheerfully, fast* / *fröhlich, schnell*

andante – tempo wolnego kroku / *slow walking tempo* / *gehend*

andantino – nieco szybciej niż *andante* / *a little faster than andante* / *ein wenig schneller als* andante

animato – z ożywieniem / *with animation* / *belebt*

a tempo – powrót do poprzedniego tempa / *return to previous tempo* / *zurück zum vorherigen Tempo*

brillante – błyskotliwie / *brilliantly* / *brillant*

cantabile – śpiewnie / *singing* / *singend*

coda – końcowy fragment utworu / *final fragment of piece* / *Anhang*

comodo – swobodnie, wygodnie / *at a comfortable tempo* / *locker, bequem*

con anima – z ożywieniem / *with animation* / *belebt*

con brio – z życiem, z werwą / *with energy* / *mit Schwung*

con espressione – z wyrazem, z uczuciem / *with expression* / *mit Ausdruck*

con grazia – z wdziękiem / *with charm* / *mit Anmut*

cresc. (crescendo) – coraz głośniej / *louder and louder* / *lauter werdend*

da capo al Fine – od początku do słowa *Fine* (koniec) / *from the beginning to the word Fine (end)* / *vom Anfang bis zum Wort* Fine

dal ... al ... e poi ... – od ... do ... a potem ... / *from ... to ... and then ...* / *von ... bis ... und dann ...*

deciso – zdecydowanie / *decisively* / *entschieden*

decresc. (decrescendo) – coraz ciszej / *quieter and quieter* / *leiser werdend*

dolce – słodko / *sweetly* / *süß*

durante repetizione – podczas powtórki / *during repetition* / *während der Wiederholung*

espressivo – z wyrazem, z uczuciem / *with expression* / *ausdrucksvoll*

fine – koniec / *end* / *Ende*

f (forte) – głośno / *loudly* / *laut*

ff (fortissimo) – bardzo głośno / *very loudly* / *sehr laut*

giocoso – żartobliwie, zabawnie / *jokingly, playfully* / *scherzhaft, spielerisch*

grazioso – z wdziękiem / *with charm* / *anmutig*

larghetto – dość wolno / *rather slowly* / *etwas breit*

leggiero – lekko / *lightly* / *leicht*

lento – wolno / *a bit slower than adagio* / *langsam*

maestoso – uroczyście / *solemnly* / *feierlich*

ma non troppo – ale nie za nadto / *but not too much* / *aber nicht zu sehr*

mf (mezzo forte) – średnio głośno / *medium loud* / *mittellaut*

mp (mezzo piano) – średnio cicho / *medium quiet* / *mittelleise*

misterioso – tajemniczo / *mysteriously* / *geheimnisvoll*

moderato – umiarkowanie / *moderately fast* / *moderat, gemäßigt*

molto – bardzo / *very* / *sehr*

non troppo – nie za nadto / *not too much* / *nicht zu sehr*

pastorale – sielsko / *in an idyllic manner* / *idyllisch*

p (piano) – cicho / *quietly* / *leise*

pp (pianissimo) – bardzo cicho / *very quietly* / *sehr leise*

più – bardziej, więcej / *more* / *mehr, stärker*

poco – trochę / *a little* / *ein wenig*

poco a poco – po trochu, stopniowo / *little by little, gradually* / *nach und nach*

presto – bardzo szybko / *very fast* / *sehr schnell*

rall. (rallentando) – opóźniając / *with retardation* / *langsamer werdend*

risoluto – energicznie / *energetically, with resolve* / *resolut, entschieden*

rit. (ritenuto) – zwalniając, powstrzymując / *slowing down* / *zurückgehalten*

ritmico – rytmicznie / *rhythmically* / *rhythmisch*

rubato – tempo chwiejne, dowolne / *temporary speeding up or slowing down of tempo, for expressive purposes* / *frei im Vortrag*

scherzando – żartobliwie / *playfully* / *scherzhaft*

sfz (sforzato) – naciskając, akcentując / *with emphasis or accent* / *mit plötzlicher Betonung*

simile – podobnie / *similarly* / *auf gleiche Weise*

sostenuto – poważnie, wstrzymując / *in a sustained manner* / *zurückhaltend*

sub. (subito) – nagle / *suddenly* / *plötzlich*

sul ponticello – przy mostku / *at the bridge* / *am Steg*

sul tasto – nad otworem w okolicach gryfu / *over the sound hole, near the fingerboard* / *am Griffbrett*

tempo di valse – tempo walca / *waltz tempo* / *Walzertempo*

tempo primo – pierwsze tempo / *first tempo* / *erstes Tempo*

tranquillo – spokojnie / *peacefully* / *ruhig*

vivace – bardzo żywo / *vividly* / *sehr lebhaft*

vivo – żywo / *in a lively manner* / *lebhaft*

na gitarę *for guitar* für Gitarre

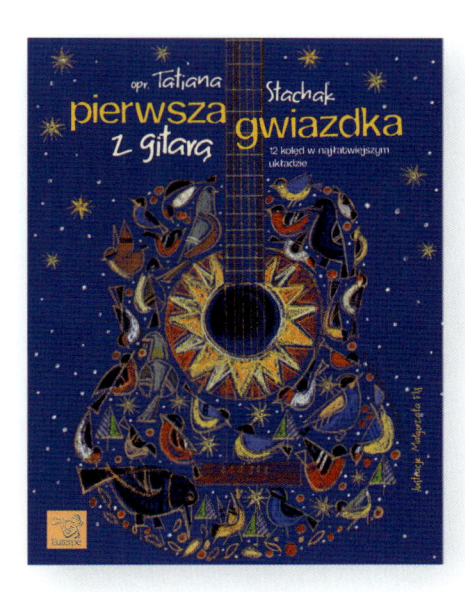

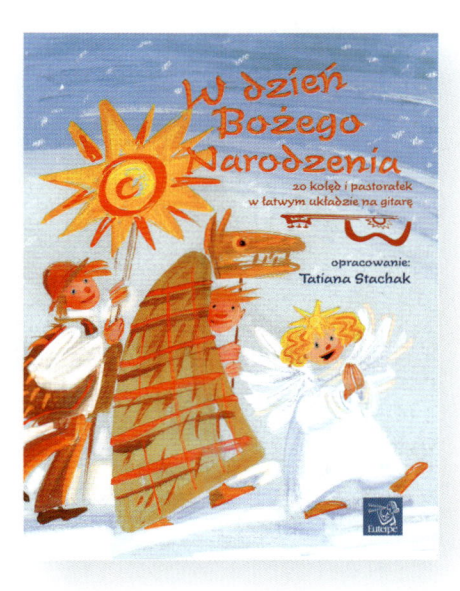

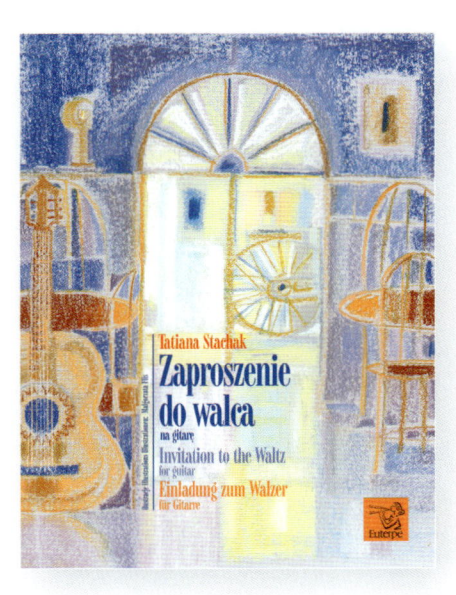

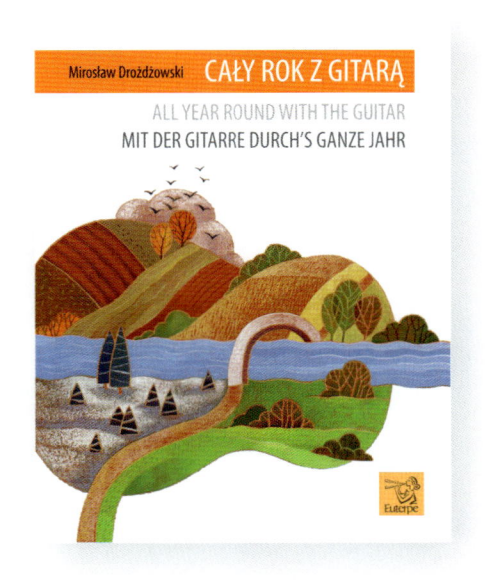

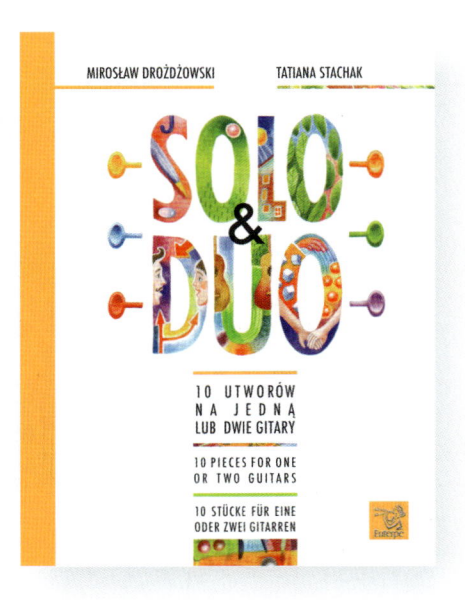

www.euterpe.pl

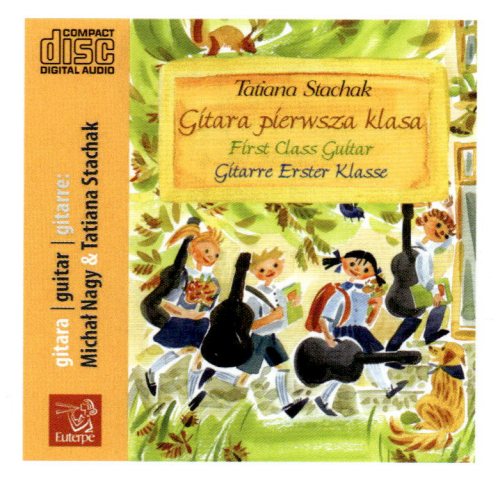

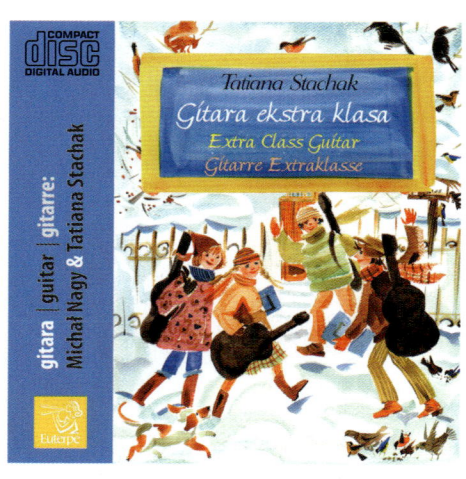

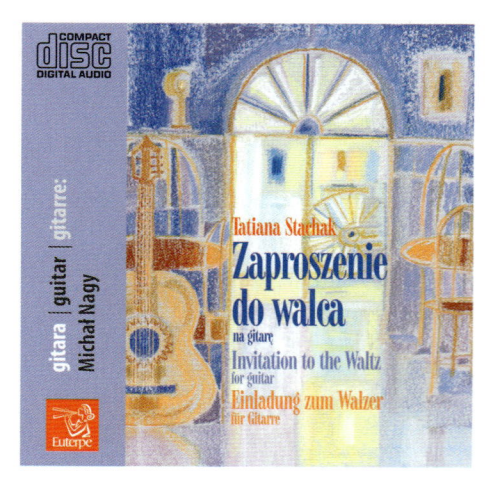

Tatiana Stachak
Etiudy charakterystyczne
Characteristic Études
Charakteretüden
1

Tatiana Stachak
Etiudy charakterystyczne
Characteristic Études
Charakteretüden
2

Tatiana Stachak — Gitara pierwsza klasa / First Class Guitar / Gitarre Erster Klasse
gitara | guitar | gitarre: Michał Nagy & Tatiana Stachak

Tatiana Stachak — Gitara ekstra klasa / Extra Class Guitar / Gitarre Extraklasse
gitara | guitar | gitarre: Michał Nagy & Tatiana Stachak

Tatiana Stachak — Zaproszenie do walca na gitarę / Invitation to the Waltz for guitar / Einladung zum Walzer für Gitarre
gitara | guitar | gitarre: Michał Nagy

www.euterpe.pl